二〇二四年

中国建筑工业出版社

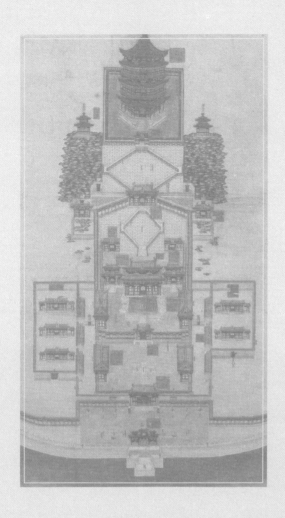

颐和园

2024

U0330294

The Summer Palace 2024

北京市颐和园管理处 编

图书在版编目（CIP）数据

颐和园 . 2024 = The Summer Palace 2024 / 北京市
颐和园管理处编 . -- 北京：中国建筑工业出版社，
2025. 1. -- ISBN 978-7-112-30894-1

Ⅰ . K928.73

中国国家版本馆 CIP 数据核字第 2025XF1284 号

责任编辑：兰丽婷　杜　洁
责任校对：芦欣甜

颐和园 2024

The Summer Palace 2024

北京市颐和园管理处　编

＊

中国建筑工业出版社出版、发行（北京海淀三里河路 9 号）
各地新华书店、建筑书店经销
北京雅盈中佳图文设计公司制版
北京富诚彩色印刷有限公司印刷

＊

开本：880 毫米 ×1230 毫米　1/16　印张：9　字数：222 千字
2024 年 12 月第一版　2024 年 12 月第一次印刷
定价：145.00 元
ISBN 978-7-112-30894-1
（44623）

编委会

组织编写：北京市颐和园管理处

编委会主任：李晓光

常务编委：原蕾　王树标　吕高强　王晓华　杜娟　荣华

主　　编：王树标

执行主编：杨华　李倩

参编人员：张鹏飞　付娆　曲溪雲　崔晨　贾萌

目 录

颐 和 园

The Summer Palace

01

本文为笔者2024年10月13日在中国历史名园暨四大名园文化交流活动上的主旨发言。

生态文明建设高质量发展方向
—— 花园城市建设

高大伟

引言

中华民族自古尊重自然、热爱自然，千百年来持续探寻人与自然的关系，在不同的历史、地域条件下，形成了一处处理论与实践的精彩结晶，皇家园林如是，私家园林如是，公园绿地如是。历史进行到新时代，在探索生态文明建设高质量发展的实践中，北京市贯彻落实"五位一体"发展理念，依托自身丰富的历史园林及林业绿化资源禀赋，创新地做出全面建设花园城市的决策部署，正努力形成生态文明时代下城市与自然融合共生的全新实践。北京历史名园是3000多年建城史和800多年建都史留给北京城市的文化瑰宝，也是中国园林艺术的巅峰之作，必将在花园城市建设的历史实践中展现出熠熠生辉的新风采。

一、缘起：首都花园城市建设的背景和意义

（一）把首都建成花园城市是习近平总书记对北京和谐宜居之都建设的殷切期许

如何正确处理城市和自然的关系，是我国社会主义生态文明建设和城市可持续发展的重要议题。党的十八大从中华民族伟大复兴的战略高度，推动生态文明建设融入城市规划建设管理的全过程。特别是习近平总书记

亲力亲为推动首都生态环境建设，连续12年参加首都全民义务植树活动并发表重要讲话，对首都生态文明建设给予明确指导。2018年4月，习近平总书记参加首都义务植树活动时指出："一个城市的预期就是整个城市就是一个大公园，老百姓走出来，就像在自己家里的花园一样"。2022年3月植树活动时，习近平总书记对首都生态环境的变化给予了充分肯定，提出要再接再厉，久久为功，把首都建设成为一个大花园。2023年4月植树活动时，总书记再次强调指出，北京要在绿化基础上加强彩化、留住乡愁，把北京建设得更美。2024年4月3日，习近平总书记参加植树活动时强调，要全民植树增绿，共建美丽中国，要扩绿、兴绿、护绿并举。可以说，建设花园城市是总书记对大国首都的城市整体预期和殷切愿景期许，是为北京擘画的和谐宜居之都生态图景。

（二）建设首都花园城市是立足城市历史文化和园林资源禀赋的创新发展

北京是一座拥有70多万年人类文明史、3000多年建城史和800多年建都史的历史文化名城，人与自然和谐共生是北京城与生俱来的"文化基因"。北京城的选址建设、发展变迁，都体现着顺应自然、改造自然的中华文明传统智慧。西晋始建潭柘寺，辽代建成北海，金代以后开始大规模进行园林建设，经过元、明、清朝，北京古典园林达到全盛时期。加上河湖水系、四重绿色城郭、棋盘道路绿化、胡同四合院绿化等，古老北京城逐步形成了"半城宫墙半城绿"的景象，至今仍是老城区最厚重的文化底色。北京的山水城市格局孕育了三条文化带，展现了东方园林文化风貌。全市4万余株古树名木，皇家园林中就占了其中的1/3。以皇家园林为代表的历史名园是享誉世界的文化遗产。北京在历史上谱写了中式花园最璀璨、最鼎盛、最辉煌的篇章，尤其北京的历史名园是北京古都风貌的重要依托，是北京历史文化名城皇冠上的璀璨明珠，拥有无可替代的历史、艺术和科学价值。

（三）建设首都花园城市是当前生态文明建设发展阶段的创新探索

2024 年初，北京建成全国首个全域森林城市，厚植了绿色生态基底。2012—2022 年，北京市用 10 年实践，接续实施两轮百万亩造林绿化工程，全市累计新增绿化面积 245 万亩，森林覆盖率由 2012 年的 38.6% 提高到 2023 年底的 44.9%，在世界大都市中处于领先水平；城市绿化覆盖率由 46.2% 提高到 49.8%，在全国副省级以上城市中居于首位。北京已迈入"千园之城"，公园游憩体系初具规模。全市公园绿地面积 3.72 万公顷，公园总数达到 1065 个，建成绿道 1515 公里，公园绿地 500 米服务半径覆盖率达到 90%，人均公园绿地面积达到 16.9 平方米，全市公园风景区年接待游客 4.7 亿人次。首都各式各样、大大小小的公园星罗棋布，成为名副其实的"千园之城"。北京已成为生物多样性最丰富的大都市之一。全国首个国家植物园在北京揭牌。全市现有维管束植物 2088 种，陆生脊椎动物 612 种，其中鸟类达 519 种，北京已成为生物多样性最丰富的大都市之一。全民参与植树造林已成新传统，社会共建共享理念深入人心。全民义务植树 43 周年，全市共有 1.1 亿人次通过各种形式参加义务植树，植树 2.2 亿株。首都人民 43 年坚持不懈，义务植树早已成为一种"新传统文化"。同时，目前北京市已创建花园式社区 623 个、花园式单位 3423 个、花园式街道 4 个。全社会积极参与义务植树及"花园式"的创建，为花园城市建设奠定了良好社会基础。

二、策略：打造美丽中国先行区，谱写大美京彩华章

当前和今后一个时期，北京将锚定花园城市建设目标，立足资源禀赋，突出首都特色，注重文化传承，坚持兴绿为民，更好地统筹生产、生活、生态空间，努力实现把北京建设成为一个大花园的愿景。

（一）立足全域森林城市高质量发展，着力提升生态系统多样性、稳定性与持续性

坚持科学绿化，不断优化生态空间布局。持续拓展绿色生态空间，在城区，结合城市更新及"疏整促"专项行动，统筹推进规划建绿、留白增绿、多元增绿；在平原地区，实施填空造林、断带补齐、湿地恢复，构建大尺度森林湿地；在生态涵养区，突出森林原真性，科学恢复林草植被，着力提高生态系统自我修复能力和稳定性。

坚持系统保护，牢牢守住首都生态红线。着眼环首都生态圈建设，着力推进京津冀生态协同发展，重点推动燕山及太行山山地生态综合治理以及南部环京绿带、潮白河国家森林公园等项目建设，塑造首都大山大水格局和四季特征，协调推进京津冀森林城市群建设。

坚持和谐共生，全力建设生物多样性之都。加强公园、绿地、林地精细化养护管理，优化林分结构，精准提升资源质量与功能。构建以国家公园为主体的自然保护地体系，加强野生动植物及其栖息地保护，加快推进燕山—塞罕坝国家公园规划建设，确保重要的自然生态系统、自然遗迹、自然景观和生物多样性得到系统性保护。

（二）全力打造美丽家园，不断提升宜居环境品质

在绿化的基础上增加彩化，打造色彩斑斓的城市。实施城市彩化三年行动计划，开展"浓荫花街""两轴延彩"等工程，建设二环、三环、四环"环城花廊"，五环、六环"环城彩林"，在重要道路两侧实施"多彩出行"工程，结合郊野公园改造提升，开展"彩链镶嵌"工程，着力建设大美北京森林，结合森林抚育、生态修复等工程，营造色彩丰富的景观生态林。

健全完善公园游憩体系，系统谋划建设公园、绿道、活力圈。立足北京城市人文特色和自然资源禀赋特征，打造以"城乡公园—自然公园—城市绿道"为脉络，以历史名园、文化遗产、生态文化为特色的城市公园体系。构建"两轴六环"市域风景廊道体系，打通城市绿道网络体系断点、堵点，推动绿道系统、滨水慢行系统、城市慢行系统有机融合，拓展健步悦骑空间，提升沿线景观品质。精心打造"京彩公园""京华绿道"品牌，加强公园、绿道与周边商业、文化、运动、餐饮、交通等服务设施连通联动，增加活力场景，拓展综合服务功能。

加快促进绿城、花城融合，有序实现绿色空间与城市界面无界融合。强化首都功能，打造安全有序的花园式政务区、京味浓郁的花园式文化聚集区、面向世界的花园式国际交往功能区、绿色智能的花园式科创功能区。结合城市更新，强化城市空间的"增绿、优绿、连绿、透绿"，营建花园住区、花园街道、花园乡村、花园场站、花园公服、花园商圈、花园办公、花园工厂等八类与市民生活息息相关的花园场景。研究制定花园元素融入交通、建筑、城市家具等的政策规范，增加立交桥桥体、建筑立面绿化，大力推进林荫道路、林荫停车场建设，推动市政基础设施绿色化转型，促进城景渗透、功能融合。持续建设"无界公园"，推动城市街区道路空间和单位附属空间向绿色公共空间转变。

（三）创新发展美丽经济，持续推动生态优势转化为发展优势

持续实现传统园林绿化产业迭代升级。创新林业经营管理模式，大力发展新型集体林场，建立国有林场带动新型集体林场发展机制。整合优化资金、政策、队伍，逐步推动符合条件的生态林全部纳入新型集体林场管理。做大做强"京字号"果花蜜，建立健全销售渠道，完善"政府机构＋产业基金＋渠道龙头"模式，实现品牌化、市场化。

推动园林绿化与体育、文旅、医疗、教育等产业融合发展。创新发展绿道经济、公园经济、观鸟经济、森林康养、生态露营等新业态，培育家庭园艺经济业态，打造美丽经济发展的新场景、新动能、新优势。例如，去年以来，北京市整合多方资源，打造以"春花、夏果、秋彩、冬鸟"为主题的"花园四季"系列全民游赏活动 IP，激活区域发展绿色动能。其中，"多彩京秋"系列活动参与市民达 1.25 亿人次，拉动消费 59 亿元；今年春节期间"家庭园艺嘉年华"带动家庭园艺交易额 16.1 亿元，同比增长 17.5%；"花开北京·2024 全民赏花季"活动，全市有 5500 余万人次直接参与，《首都花园城市二十四节气歌》成为市民传唱热曲。

持续健全生态产品价值实现机制，建立健全以生态产品总值核算结果为依据的生态保护补偿转移支付制度，积极推进核算结果在生态保护补偿、审计考核等领域的应用。完善市场化、多元化的生态补偿机制，有序拓展生态效益补偿政策覆盖面，拓宽生态保护补偿资金来源，探索开展生态产品认证、碳计量交易，搭建生态产品交易平台，积极探索创新绿色金融产品。

（四）坚持全民参与，构建共建共治共享的花园城市治理新格局

推动专业力量全方位融入城市治理。积极融合全市公园绿地及社区资源，加强与属地共建共管，丰富

市民生活空间的园艺元素。建立健全郊野公园"百园百师"社区园艺师等制度，大力实施自然教育进课堂、绿植园艺进家庭、景观设计进街区、生态文化进网络。

持续培养全社会生态文明意识。发挥党建引领作用，今年北京市创新体制机制，市园林绿化局与市委组织部联合发布倡议，以"双报到"助力花园城市建设，推广"人人是园丁"模式，带动形成扩绿、兴绿、护绿的全民自觉行动。连续五年组织举办"市民花园节"，在全网掀起"现实版莫奈花园"的热烈讨论，市民亲手栽植菊花等花卉并摆进国庆长安街花坛，为祖国庆生献礼。下一步将持续发挥 30 家生态文明宣传教育基地、100 家园艺驿站、1065 家公园风景区的作用，开展花果进庭院、园艺进社区等活动，引导居民参与小区、阳台、屋顶绿化，持续加强科普、宣传、引导，讲好美丽北京故事，广泛传播绿色理念。

打造绿色生态文化新高地。以传承发展中华优秀传统文化为核心，创新推动绿色生态文化与古都历史文化、红色革命文化融合发展，留住乡愁记忆，赓续城市文脉。以举办第九届国际月季大会等行业重要展会为契机，促进行业科学研究、学术交流、科技推广、市场应用，以首善标准打造行业高地。坚持人类命运共同体理念，广泛开展国际交流合作，与中外人士共谋绿色低碳发展，为全球生态文明建设提供中国方案。

三、聚焦：让历史名园点亮花园之都

历史园林是城市发展的历史文脉和文化根基。长期以来，北京市高度重视历史园林对于城市发展的基础性、底蕴性作用，大力加强恢复、保护、传承力度，首都历史园林已成为传承千年文脉、重塑古都风貌、打造历史文化名城的金名片。首都花园城市建设中，我们将聚焦全国文化中心建设，持续推进历史园林绿化资源的完整性恢复和系统性保护，让这些中华

传统文化的瑰宝，在建设物质文明和精神文明相协调、人与自然和谐共生的中国式现代化的历史进程中，绽放出更加耀眼的光芒。

（一）大力保护历史名园山水格局，充分展现古都历史景观风貌

完善历史名园保护管理相关标准，对山水格局、景观意境、古树名木、植被群落、山石水系、楹联碑刻、亭台建筑等诸多园林要素进行整体保护，提升历史名园的完整度和真实性。创新植入国际交往新场景，增强重大国事活动服务保障能力。加强历史名园文化研究，持续彰显、充分弘扬中国古典生态文明思想和北京城市历史文化。以历史名园为载体，发挥名园"博物馆"功能，挖掘不同历史名园的植物文化和植物特色，增强传统园林文化底蕴。让古树名木"活起来"，健全四级管护机制，持续开展衰弱、濒危古树名木抢救复壮工作。加强古树名木全生命周期管理，推进古树名木及其生长环境整体保护新模式，开展古树基因保存和扩繁工作。当前，北京已建成我国保存古树数量最多的基因资源圃，建成海运仓等一批古树文化社区、古树保护小区。下一步，北京还将谋划实施百年树木行动，通过目标树管理、科技创新等系列举措，为子孙后代培育 40 万株大树、古树。深挖古树文化内涵，建设古树数字博物馆，开发古树小

程序，制作发布古树保护短视频，设计发布"古树游线"，让古树名木在新时代续写新传奇。

（二）聚焦全国文化中心根基，着力打造老城精华区

老城作为花园城市15个精华片区之一，将推动六海八水、四重城郭、九坛八庙、文化景观环线的规划绿地落实，完善核心区园林绿化网络格局，依托城址遗存、棋盘路网、历史水系，强化"两轴、一城、一环"的结构性要素，增强公共空间连通性。以北京中轴线申遗成功为契机，持续做好中轴线沿线文物腾退、保护修缮、展示利用，以及沿线界面整治与织补等工作，打造串联古今的花园轴线，不断擦亮"北京中轴线"这张向世界展示中国历史文化与自然遗产的金名片。以皇城城廓、两轴特定风貌管控区、二环特定风貌管控区、老城棋盘路网等地区为重点，大力保护古都风貌，传承历史文脉，塑造"平缓开阔、壮美有序、古今交融、庄重大气"的花园城市形象。夯实传统绿化基底，强化老城整体传统景观，鼓励胡同四合院三维增绿，改善庭院微环境，运用传统园林景观元素，打造"绿意悠然、槐香榴红"的老北京胡同。推进"院中一棵树"专项任务，选择生长环境、植物文化相适宜的海棠、玉兰、石榴等品种，打造春华秋实、花木扶疏、清香四溢的北京四合院。

（三）聚焦三条文化带建设，展现生态文化独特魅力

西山永定河文化带，以古道、绿道、步道为骨架，以西山永定河的历史文化资源与自然生态资源密集区为主体，打造特色文化生态组团；持续提升三山五园地区景观风貌，创建三山五园国家文物保护利用示范区。长城文化带，突出自然景观与人文景观相融合，打造层峦叠翠的长城园林文化景观风貌，以八达岭、慕田峪、司马台等区域为重点，加强长城沿线彩叶林景观带建设。大运河文化带，打造纵贯百里、城水相融的历史景观文化风貌，增强沿岸生态文化景观服务功能，构建滨水绿道系统，提升滨水空间可达性、趣味性。

建设花园城市，是首都"五位一体"深度融合的创举，将持续展现"都"与"城"的壮美气韵，推动"绿"与"城"的深度融合，实现"人"与"城"的双向奔赴，是建设"美丽中国"实践的北京方案。以古典园林为代表的园林绿化历史文化资源，是首都文化和自然遗产的重要组成部分，是北京建设成为全国文化中心的魅力所在、资源所在、优势所在。在首都花园城市建设中，以历史园林为代表的这些中国园林史上历经千年的璀璨明珠、华夏文明的精彩印记，必将在生态文明时代焕发出崭新风采！

02 推动首都历史名园在新时代焕发新活力、绽放新光彩

张 勇

引言

文物和文化遗产承载灿烂文明，传承历史文化，维系民族精神，是弘扬中华优秀传统文化的珍贵财富。习近平总书记高度重视文物保护利用和文化遗产保护传承，在 2014 年第一次视察北京时指出：历史文化是城市的灵魂，要像爱惜自己的生命一样保护好城市历史文化遗产。北京是世界著名古都，丰富的历史名园是众多文化遗产中的金名片。其中，北京市公园管理中心管理着的颐和园、天坛公园、北海公园、中山公园等 11 家历史名园，位于北京核心区，是北京历史文化名城的重要组成部分。传承好保护好发展好这些历史名园是我们名园守护者的责任与使命。

一、北京历史名园具有深厚历史文化底蕴和现实作用

北京作为闻名世界的历史文化名城，有着悠久历史和深厚文化底蕴，这座城市不仅有超过 3000 年的建城历史，还有长达 800 多年的建都历史。在漫长历史进程中，北京历史名园与城市发展始终紧密相连，是自然美景汇聚地和历史文化传承的重要载体。每一座园林都见证了无数历史事件，蕴含着丰富的历史故事和文化内涵，不仅为市民游客提供了休闲娱乐场

所，更是研究中国古代园林艺术、建筑风格以及皇家文化的宝贵资源，其以独特魅力和深远影响，成为这座城市不可或缺的一部分。

随着辽金时期北京作为都城，伴随着城市建设，具有影响力的大规模园林建设开启，北海公园的园林建设就肇始于这一时期，可以说北京的历史名园是因都城而兴。元代北京作为大一统中国的首都，其设计缘起就在今北海一带，这又可以说是都城因名园而建。明清时期尤其是清代，随着皇家园林的建设和发展，无论是规模还是造园技艺，北京的历史名园都达到了历史的巅峰，老城内和三山五园地区的园林双峰并峙。在这个时期，许多著名的园林如圆明园、静宜园、颐和园等相继兴建，为北京增添了名园底色。近代以来，随着时代变迁，历史名园相继开放成为公园，日渐成为北京城市生活中不可或缺的场所，为民众提供了极为重要的文化和娱乐空间。这时的历史名园还在革命历史中发挥着重要作用，从中山公园的来今雨轩到陶然亭的慈悲庵，从颐和园的益寿堂到香山革命纪念地，历史名园传承着红色基因，留下许多红色印迹。

现今，众多历史名园服务首都功能和人民大众，在首都经济社会发展中正发挥着积极作用。通过参观这些历史名园，人们可以了解中国古代园林艺术的特点和发展历程，感受到中国古代文化的博大精深。历史名园还是北京重要的城市绿地，为市民提供了多元

化的休闲娱乐场所，服务于首都生态文明建设和北京花园城市建设。在这些园林中，人们深切体会人与自然和谐共生，亲近自然、感知文化。历史名园为城市文化旅游产业提供了重要资源支撑，吸引了大量游客前来参观旅游，推动了城市经济发展。

北京市公园管理中心管理的 11 家历史名园中，有颐和园、天坛两家世界文化遗产单位，有世界文化遗产北京中轴线 15 处组成要素中的 3 处（天坛、中山、景山），颐和园、香山、植物园位于著名的三山五园区域。11 家历史名园中有 8 家（9 处）全国重点文物保护单位、3 家（5 处）市级文物保护单位、10 家国家重点公园，拥有 1617 个古建单体建筑、建筑面积 21.22 万平方米、53779 件可移动文物、13977 株古树名木、6 项非物质文化遗产、9 处爱国主义教育示范基地及多处革命史迹。历史名园是北京历史名城人文特色、传统风貌的物质载体，是展示"首都风貌、古都风韵、时代风貌"的前沿窗口，年均接待游客量 1 亿人次，一直是北京传统热门景区。在 2024 年的国庆假期，11 家历史名园接待的游人量超过 400 万人，占全市 428 家重点监测公园景区接待量 3 成多，颐和园、天坛、北海、景山、动物园的接待量位列前十，尤其是天坛、颐和园在全市公园和 5A 级景区接待量排名中始终位列前两名，深受中外游客的青睐。

2024 年 7 月 27 日，"北京中轴线——中国理想都城秩序的杰作"申遗成功，正式列入《世界遗产名录》，作为中轴线上的重要遗产要素，天坛公园和中山公园、景山公园为保障申遗成功做了大量工作，得到联合国教科文组织遗产考察专家的高度肯定。随着北京中轴线知名度、知晓度持续扩大，来此参观游览的中外游客数量将不断攀升，对于历史名园进一步做好中轴线文物保护利用、文化挖掘阐释，系统性打造高品质、国际化文化遗产品牌，带来了新的机遇，提出了更高要求。

二、北京市公园管理中心对历史名园的保护实践探索

北京市公园管理中心以习近平新时代中国特色社会主义思想为指引，把历史名园的保护与发展置身于国家与首都发展大格局中进行思考，按照"保护第一、加强管理、挖掘价值、有效利用、让文物活起来"的新时代文物工作方针，以保护世界文化遗产为龙头，整体推进 11 家历史名园的保护和文化传承，突出历史名园在服务北京"四个中心"定位和"四个服务"职能中的作用，推进历史名园保护水平持续提升，让历史名园的秀丽瑰宝跨越时空，传承永续，让百姓游览历史名园时收获更多幸福感。

（一）保护古都风貌，推进古建筑科学保护修缮

1. 深化历史名园保护规划和制度建设

北京市公园管理中心坚持顶层设计，全面融入首都发展大局，对标对表北京城市总体规划、区域专项规划、花园城市专项规划、核心区控规等上位规划，进一步修订完善历史名园总体规划和文物保护规划，加快推动规划审批，依法依规开展文物和文化遗产保护工作。把握好服从发展与调控发展之间的关系，科学调整历史名园保护规划，坚持保护为主的发展原则，修复历史肌理，保护山水格局，腾退修缮文物古建，保护利用可移动文物，深化古树名木保护，构建文物保护传承体系，在"中轴线申遗""三条文化带"、三山五园国家文物保护利用示范区建设中发挥出示范引领作用。逐步推动颐和园、天坛申遗承诺的兑现，文物古建修缮按计划高质量推进，历史名园遗产监测范围得到进一步扩大，博物馆文物管理机制也在逐步深化，实现了文物的科学保藏和合理展示。同时，制定和完善了一系列文物保护规章制度，包括《北京市公园管理中心不

可移动文物日常保护管理办法（修订）》《北京市公园管理中心藏品管理办法（修订）》等，这些制度涵盖了文物的登记、评估、修缮、保养以及日常保护管理等各个环节，为文物保护工作提供了全面、具体的指导和规范，确保了文物保护工作的科学性和规范性。在此基础上，各历史名园都严格按照北京城市总体规划、区域专项规划、核心区控规和北京市公园管理中心总体规划、文保制度来修订各自的总体规划和文物保护规划，并完善专项规划体系，做到重点项目、重大任务规划先行，为落实本单位总体规划、完成"十四五"重大项目，提供了规划支撑。

2. 统筹推进历史名园预防性保护

将预防性保护资金列入年度预算，使文保工作由抢救性修缮向预防性保护过渡。建立完善了文物日常巡查机制，定期对文物建筑进行安全检查与评估，通过定期检查、维护以及环境改善等措施，及时发现并解决文物保护中存在的问题，降低了文物受损风险。同时积极探索和应用先进保护技术和材料，与科研机构、高校等合作开展文物保护技术的研发创新。在移动数字化巡查运用上，市公园管理中心专门针对古建筑日常巡查和养护管理开发了信息管理系统及移动数字化巡查应用程序，并在下属相关单位进行普及应用。例如，颐和园在 2024 年部署了文物 e 修缮小程序，工作人员随时或按任务要求进行日常巡查，通过手机或其他移动设备记录文物的现状、问题等信息，及时上传至管理系统，实现了信息化管理，显著提高了文物保护工作的效率和质量。利用数字化监测技术，北海公园针对九龙壁和白塔等重要文物，设立微环境变化监测设备，实时监测文物周围温度、湿度等环境参数，布设倾斜沉降观测仪，长期跟踪监测文物的倾斜、沉降等变形情况，确保了文物的稳定性。颐和园对德和园大戏楼不仅实时监测其环境温度、湿度，还通过高

精度测量设备对建筑物变形情况进行持续跟踪，确保了文物在复杂环境中的安全。运用三维数字化采集技术，天坛、北海公园、颐和园等单位在文物保护研究和修缮工程中获取三维点云数据和模型数据，并建立数字化模型档案，为相关管理、研究和修缮工程提供了科学依据。北京市公园管理中心还通过建立 BIM 模型整合文物的几何信息、属性信息等，实现对文物的可视化管理和全方位监控，比如在景山公园运用 BIM 技术对中轴线上的五组建筑进行了全方位的管理和保护。

3. 逐步实现古建分级分类保护修缮

北京市公园管理中心对所属单位的文物建筑和藏品建立文物古建、文物藏品信息化管理平台，实现文物古建数据档案的动态化管理。对文物建筑的现状、历史价值、保护需求等进行科学评估，为制定保护措施提供依据。按照世界文化遗产、国家级重点保护文物、市级重点保护文物的分级分类，积极实施动态监测，开展历史古建筑安全评估，围绕三个文化带建设、北京中轴线申遗、三山五园示范区建设等重点任务，区分轻重缓急，制定分类保护修缮计划，将研究性修缮理念贯穿整个修缮过程，消除文物本体残损病害，恢复历史格局及风貌，促使各历史名园的文化价值得到很好的展示、传承与弘扬。10 年以来，先后完成景山寿皇殿、北海西天

绽焕名推
放发园动
新新在首
光活新都
彩力时历
′代史

◇02◇

The Summer Palace 2024

颐和园

〇一二——〇一三

梵境及漪澜堂、香山二十八景等 105 项修缮工程，一大批文物古建以最佳面貌亮相京城。在颐和园，养云轩和景福阁的修缮工程不仅恢复了建筑原有的历史风貌，还通过使用传统工艺加强了保护措施，显著提高了文物的安全性和耐久性。这些修缮成果不仅让古建筑焕发了新的生机，也为游客提供了更加安全、舒适的观赏体验。北海漪澜堂、景山寿皇殿、香山碧云寺等重大修缮工程，不仅通过科学细致的评估、修缮和原状恢复工作，使建筑重现了历史原貌，还通过高质量的展览陈列活动，让游客能够更深入地了解历史和文化，增加了公众对文物保护的认识和参与度。天坛的祈年殿、斋宫等标志性建筑，经过分级分类保护动态监测，风貌与价值得以保存。这些有效的机制做法对北京历史名园的健康可持续发展夯实了基础。

（二）发挥资源优势，打造历史名园绿色生态环境体系

1. 加强古树名木保护复壮

古树名木是北京历史名园园林景观的骨架，是首都悠久历史的见证者，是北京不可替代的历史景观。北京市公园管理中心最先提出"一树一档案、一树一方案、一树一论证"的古树保护复壮工作模式，在全市以及全国古树保护复壮工作中予以推广。北京市公园管理中心以古树信息化管理平台为依托，进一步规范古树名木的科学保护与管理，深化监测评估，每年安排专项资金，积极采用新技术、新方法开展古树养护和复壮工作，改善立地环境，先后建立颐和园、中山公园、国家植物园（北园）、玉渊潭公园、香山公园 5 处古树保护示范区，为古树健康生长提供了优良条件。同时，深入发掘古树名木历史文化内涵，通过示范区古树展板、科普牌展示等方式宣传古树文化，充分展示古树名木保护成果，满足游客近距离观察感受古树文化的需求。

2. 保护提升历史名园的园林意境

2018 年以来，北京市公园管理中心把握北京市建设全国文化中心的历史机遇，推动历史名园文物占用腾退取得历史性突破，率先完成天坛公园、北海公园、中山公园、景山公园内 34 户住户腾退，收回被长期占用的景山少年宫区域、天坛泰元门与园林机械厂、颐和园东宫门公交场站、北海漪澜堂古建筑群与万佛楼大佛殿遗址区，完成中山公园核心区内儿童游乐场、内坛东西排房的拆除，历史名园的完整性与原真性得到极大恢复。对收回区域依据规划和历史风貌实施环境整治和景观改造，新增开放面积超过 5 公顷，园区周边环境质量、游客游园体验均得到实质性改善。近年来又持续投入资金进行重点改造提升，促进景观环境立体升级，大力推进绿化彩化工作，培育输出月季、苔草等一批新优植物品种，新增树种 180 个，培育花卉 346 种，新增花卉、绿地面积 87 万平方米；先后完成玉渊潭东湖湿地园、北海濠濮间等 180 余项景观提升工程；持续强化香山红叶、玉渊潭樱花、植物园桃花、天坛菊花等"一园一品"花卉景观，使各历史名园成为游客感受北京花园城市建设成果的好去处。

3. 开展生物多样性保护和生态环境治理

从追求景观塑造转为强调生态优先，我们把历史名园放到园林城市的空间环境中去开展生态建设，加强自然生态系统的保护和修复，形成有机生态景观体系。在拥有丰富的植物、动物、山水生态资源的基础上，重点建立自然生态保护区，开展景观水体治理、生态环境修复，注重绿地与水系连通以及乔、灌、草的有机结合。在颐和园、天坛公园、香山公园、北京植物园、玉渊潭公园等都建有自然生态保护区/带，颐和园围绕着团城湖水源保护地建立了 10 万平方米的封闭生态保护带。在后溪河区域充分利用区域小气候特点，种植松栎混交林，并在树下种植大面积野生地被，在营造自然野趣的同时，有效改善了古油松的

绽焕名推
放发园动
新新在首
光活新都
彩力时历
、代史

The Summer Palace 2024

颐
和
园

〇一四——〇一五

生长环境。香山公园通过打造原生态自然山林保护区，大量应用多花胡枝子、杭子梢、华北香薷、甘野菊等乡土地被植物，同时积极应用生物防治技术、雨水回收利用技术和绿化垃圾处理技术，有效推动了香山山体生态环境保护和修复工作。玉渊潭公园东湖湿地园是近年建成的北京城市核心区内的第一个湿地公园，良好的湿地生态环境使鸟种由原来 29 科 68 种增加到 45 科 151 种，形成繁华的大都市中人与自然和谐共生的美好场景。北京市公园管理中心还陆续开展了天坛公园西北外坛、紫竹院南线生态景区、陶然亭水生植物等公园重点景区的改造项目，通过不断研究筛选，共有鹅绒委陵菜、二月兰、蛇莓、涝峪苔草等 50 余种乡土植物加大了应用，达到了自然美化、生态治理、节能养护的多重功效。日前，11 家历史名园的绿地总面积占比超过 75%，其中乡土植物占比超过 80%，种植种类达 130 余种。在对颐和园、天坛公园、玉渊潭公园、北京动物园、国家植物园（北园）开展的鸟类调查中，共记录到野生鸟类 249 种，占北京市有记录野生鸟类种数的 50.51%。燕隼、赤腹鹰等分别在玉渊潭公园和天坛公园成功繁殖后代，顶级掠食性鸟类在北京历史名园安家落户，标志北京历史名园已形成比较健康完备的生态系统。

（三）加强文化建园，推进历史名园文化品牌建设

1. 创新文化活动内涵和形式

持续探索打造"春看花、夏赏荷、秋观叶、冬戏雪"四季主题和"一园一品"活动品牌，经过 18 年的不懈努力，"一园一品"游园活动已成为首都优秀文化展示活动的重要组成部分，战略品牌效应更加凸显，玉渊潭樱花、植物园桃花、景山牡丹、香山红叶、颐和园桂花等特色植物花卉品质进一步提升，影响力持续扩大，吸引了大量市民游客。今年 5 家公园春季"一园一品"活动共接待游客 533.7 万人次，同比 2023 年增长 15.7%，综合收入相应增长。北京市公园管理中心突破时空、季节、形式限制，打造历史名园第二旅游空间，持续创新推出晚间文化活动，天坛提供晚间团队定制游，北海推出"印静心"晚间活动，受到市民游客欢迎。同时深入挖掘优质资源，拓展文化展示空间，高水平举办各类文物文化展示活动，累计推出文化展览千余项，完成香山公园香山寺、北海公园万佛楼等原状展陈，"园说"系列文物展成为"让文物活起来"的生动实践，景山寿皇殿、紫竹院友贤山馆等 20 处文化新空间获评北京网红打卡地，中国园林博物馆、颐和园博物馆举办专题展览近 200 项，中国园林博物馆晋升国家一级博物馆，园林文化研究展示水平和宣教科普影响力逐年提高。

2. 深化红色资源保护、传承与利用

深入挖掘历史名园红色文化资源，发展延续红色文化脉络，扎实做好革命活动旧址和革命文物保护利用工作，持续创新、丰富、扩大红色文化传播宣教模式，着力引导广大党员干部群众及游客市民厚植爱党、爱国、爱社会主义的情感，让红色基因、革命薪火代代相传。完成香山革命纪念地的旧址古建修缮保护、环境改善提升工作，提升红色文化展示和开放运营服务，生动再现了中共中央在香山筹建新中国时的光辉历程，香山革命纪念地成为建党百年党史学习教育主阵地之一、全国爱国主义教育示范基地典范。

全面完成中山公园来今雨轩、陶然亭慈悲庵和高君宇烈士墓、颐和园益寿堂等革命活动旧址的保护、提升和利用，9处爱国主义教育基地讲好公园红色故事，成为市民游客学习党史、传承革命精神、厚植爱国情怀的生动"红色课堂"。

3. 推动文化创意产业蓬勃发展

从2016年开始，北京市公园管理中心全面推动公园文创顶层设计、统一规划，实施"2+N"文创战略，孵化特色品牌，建立以文创店设计、文创品研发为主的公园文创专项经费，扶持重点、优先发展，完成400多个新商标注册及原有商标增项。经过8年持续努力，11家历史名园文创品牌从无到有、逐步壮大，截至目前，文创在售商品达5400余种，7款文创单品年销售额过千万，年文创总产值达3.87亿元，文创总产值呈几何级数增长，"公园礼物"每年亮相北京服贸会、公园文创大会等，在全国居于领先地位。

三、推动历史名园科学保护传承发展的实施路径

2024年，习近平总书记对加强文化和自然遗产保护传承利用工作作出重要指示，指出："要以此次申遗成功为契机，进一步加强文化和自然遗产的整体性、系统性保护，切实提高遗产保护能力和水平，守护好中华民族的文化瑰宝和自然珍宝"。党的二十届三中全会审议通过的《中共中央关于进一步全面深化改革、推进中国式现代化的决定》中明确指出："要健全文化事业、文化产业发展体制机制，推动文化繁荣，丰富人民精神文化生活，提升国家文化软实力和中华文化影响力。"

随着新时代首都发展步伐不断加快，北京历史名园的文化遗产保护利用工作迎来难得的发展机遇，同时也面临前所未有的挑战。全国文化中心建设为首都历史名园文化事业高质量发展提供了支撑，要求我们

要站在繁荣发展社会主义先进文化的高度，坚定文化自信，不断加强文化挖掘展示、文物活化利用，使历史名园文化传承、发展、利用逐步体系化、精品化。三山五园、老城保护、北京中轴线申遗保护等一系列专项规划纷纷出台，为北京市公园管理中心融合区域发展、对接重大项目、破解历史难题、提升历史名园核心价值带来前所未有的发展机遇。人民群众对历史名园的新期许要求我们在保护基础上，不断挖掘其蕴含的哲学思想、人文精神、价值理念、道德规范等多元价值，让文物活起来，推动中华优秀传统文化创造性转化、创新性发展。弘扬红色文化、革命文化的时代背景要求我们要充分发挥爱国主义教育基地功能作用，深化革命文物研究、阐释，增强革命文物生命力、影响力，拓展社会教育覆盖面，让更多市民游客获得思想感悟和精神洗礼。

（一）持续推动历史名园完整性、原真性保护

1. 加强占用土地腾退及后续保护利用规划

积极推进占用土地腾退，摸清制约解决问题的"卡点"，主动解决历史遗留问题，持续与相关部门对接联系，推动颐和园西宫门等重点腾退项目。提前做好项目前期工作，结合实际提前做好可行性研究报告拟制、项目方案设计、资金使用规划等，按轻重缓急科学安排项目台账，分期分批推进文物古建保护修缮，为加快推动占用腾退后保护利用工作奠定良好基础。

2. 强化文物古建常态化保护和安全管理

持续推进遗产监测、可移动文物分类建账、文物藏品库房提升改造等，加强文物遗产预防性保护，细化监督检查标准，保持文物古建状态稳定。加快建设可移动文物修复平台，推进修复室建设，积极探索引入社会资本开展可移动文物修复，延长文物寿命。严格落实文物定期清点核查和日常巡检制度，推进馆藏

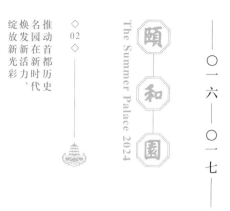

文物档案管理，持续开展文物定级工作，不断提升文物保护管理科学化、数字化水平。提高文物古建安技防水平，严格落实"三管三必须"，定期抓好文物古建安全教育培训、检查督导、隐患治理、值班值守等工作，推广普及颐和园智慧消防管理平台建设的经验做法，强化硬件设施建设，完成平台整合统一，阻断电气火灾风险隐患，实现报警信息可视化，提高监测预警、指挥协调、应急处置能力。

3．强化历史名园园林意境保护管理

依照公园总体规划和历史景观，编制公园植物景观专项规划，结合景区改造逐步调整公园景观环境，逐步解决植物生长与建筑保护的矛盾，逐步解决植物密度过高与景观意境和环境承载力的矛盾，逐步解决现状园路与历史氛围和生态理念不符的矛盾，打造符合公园历史风貌和定位的园林景观。进一步规范古树名木的保护与管理，深化监测评估，采用新技术、新方法，开展古树名木的养护、复壮、修复等工作，重视后备资源培育，多措并举，实现古树名木的科学管理。

4．加快推动基础设施更新改造

依据公园地下基础设施现状，谋划形成基础设施提升改造重大项目清单，积极沟通推进项目申报，加快基础设施专项规划编制，完善基础数据库建设，科学确定倒排期，提升历史名园基础设施建设水平和管护能力。

（二）突出文化建设，持续提升公园文化软实力

1．打造文化研究新高地

坚持"文化建园、文化强园"战略，立足北京历史名园深厚的文脉底蕴和资源优势，围绕繁荣首都"四个文化"，深入实施中华优秀传统文化传承发展工程，拓宽研究范围，深入具体领域，做好传承发展古都文化、挖掘提升京味文化、传承弘扬红色文化、融合打造特色创新文化的工作。充分发挥研究院和研究中心功能作用，加强文物学术研究与应用，推广研究成果。重视"非物质文化遗产"研究、整理，强化"天坛神乐署中和韶乐""天坛传说""曹雪芹传说"等国家级、市区级非遗的传承、研究、创新工作。

2．开创红色文化传承发展新局面

持续促进红色资源保护、传承和利用，进一步深化革命文物研究、阐释，提升革命文物公共服务水平和社会教育效果，打造集爱国主义教育基地、党性教育基地、红色旅游地为一体的首都历史名园红色文化品牌。

3．延续历史名园山水空间文脉

以大运河文化带保护发展为引领，推进历史名园山水格局整体保护、历史水系恢复，在逐步打通颐和园、紫竹院、动物园等公园景观水体与京城水系，进一步改善滨水景观和园林景观的基础上，深入挖掘展示历史名园"水系"文化，推进景观文化的融合发展。

4．搭建文化交流互鉴的桥梁

加强跨学科合作，密切关注与世界各国和地区的园林保护机构、世界文化遗产单位以及相关学术研究

机构之间的合作交流，积极借鉴先进的保护理念和技术，不断提升历史名园保护利用水平，增强在国际舞台上的影响力。

（三）不断提升历史名园活化利用水平

1. 持续扩大历史名园开放面积

继续推动闲置古建院落重新开放，加强顶层设计，科学进行功能定位，配备人员力量，扩大游览空间，丰富游览内容，促进建设成果惠及更多人民群众。

2. 积极推进文旅深度融合

盘活用好文物文化资源，深化传统节日、夜间游览等主题活动，固化"园说"展览品牌，围绕文创产品、文创空间、创意性活动规范文创体系建设，加强内外交流，提升"公园礼物"品牌影响力。举办各类主题鲜明、凸显历史名园特色和首都特点的文化活动、展览和教育项目，通过科普、讲座、沉浸式互动体验等多种喜闻乐见的方式，不断提供优质文化，让公众更好地了解和体验历史名园文化。

3. 提高综合服务接待能力

着眼服务首都"四个中心"功能建设，以颐和园听鹂馆、天坛福宴、中山公园来今雨轩、北海公园漪澜堂等为示范，深入挖掘皇家园林、传统院落空间潜力，大力提升基础设施、接待场所、车船等硬件设施水平，科学处理服务市民游客和政务接待的关系，细化服务保障标准，完善多语种支持等服务功能，努力打造具有北京历史名园文化特色的首都政务服务"会客厅"。

4. 强化现代科技手段应用

逐步扩大天坛"云赏月"、香山"云赏红"等文化景观 5G 应用成效，利用公园智慧导览为游客提供便利服务，让更多无法亲临现场的人们通过网络平台感受园林独特魅力。通过遥感技术、三维建模等先进技术，对历史名园进行精确测绘和数字化记录，将历史名园资源进行整合和共享。通过数据分析和模拟，更好地了解游客需求和行为模式，制定更加科学合理的管理策略和运营方案。

未来，北京市公园管理中心将持续推进历史名园的科学保护利用工作，更好地塑造传统文化与现代文明交相辉映的北京城市"金名片"，为实现人与自然和谐共生的中国式现代化目标贡献力量。我们将与各级文保、文旅、园林部门携手奋进，共同搭建更好的文化遗产保护与管理合作交流平台，一同阐释中国传统园林的历史价值、艺术价值和文化价值，一同探索特色园林遗产保护利用新途径，一同讲好中国历史园林动人故事，一同为中国式现代化进程中的文化繁荣和社会进步作出更大贡献。

03 世界文化遗产视角下的园林

本文为笔者在中国历史名园暨四大名园文化交流活动上的发言。

凌 明

引言

承德的避暑山庄，苏州的拙政园、留园和北京的颐和园，除了是中国的四大名园外，还有一个共同的身份——世界文化遗产，他们分别于 1994 年、1997 年和 1998 年被列入联合国教科文组织的《世界遗产名录》。世界遗产具有"突出的普遍价值"，需加以特殊的保护，无论对各国还是对全人类而言，世界遗产都是不可估价且无法替代的财产。

本文将从世界遗产的角度，就园林类遗产的保护传承进行论述。首先，对世界遗产产生的背景以及我国世界文化遗产的总体情况进行简要介绍。

一、世界遗产背景

20 世纪是全球化迅速发展的时代，在政治、经济全球化的大背景下，国际领域在文化方面交流与合作的需求愈加突出。1972 年 11 月 16 日，联合国教科文组织第十七届会议的第十六次会议上，正式公布了《保护世界文化与自然遗产公约》（下文简称《世界遗产公约》）。该公约成为全球化在文化领域的重要标志。这一旨在促进不同国家、不同文化背景下的"全人类世界遗产"保护和传承的国际公约实施至今已满50 年，《世界遗产公约》在最初的"突出普遍价值"（OUV）体系基础上不断完善，在促进不同国家与不

同文化间的沟通、世界对多样文化的了解和研究，以及文化遗产的保护和传承方面发挥了积极的作用。中国在加入《世界遗产公约》后，迅速进入到现代文化遗产保护的国际体系中，并通过国际合作，极大地推动了我国文化遗产事业在保护理念、人才培养和技术研究等各个方面的发展。

《世界遗产公约》的公布是在国际开展文化遗产保护合作的重要里程碑和新的开始。《世界遗产公约》的制定与发布与"联合国教科文组织"（UNESCO）有着密不可分的关系。1946 年联合国教科文组织成立之初即清楚地认识到："要实现世界持久的和平，仅依靠政治协议是不够的。我们还需要通过文化间的理解与沟通，将人们团结起来。"20 世纪 50 年代，由于阿斯旺大坝的建造，在埃及政府的请求下，联合国教科文组织联合了国际力量，共同抢救了努比亚地区的珍贵文物。这次保护合作也使联合国教科文组织看到了世界各国在保护全球优秀文化遗产上的愿望和力量，坚定了其信心，从而建立起世界文化和自然遗产保护系统。联合国教科文组织公布《世界遗产公约》后的 1973 年，美国率先成为第一个缔约国，1974 年缔约国发展到 10 个，1975 年缔约国达到 20 个，同年12 月《世界遗产公约》得以正式生效。截至目前，缔约国已经达到 196 个。《保护世界文化与自然遗产公约》以及相关的《保护世界非物质文化遗产公约》无疑成为 UNESCO 最具影响力的国际项目。

《世界遗产公约》鼓舞了各国人民在拯救、保护和传承人类文明见证物上的决心和信心。在世界遗产委员会、国际古迹遗址理事会（ICOMOS）和国际文物保护与修复研究中心（ICCROM）的支持下，通过国际合作的形式，对世界各地的文化遗产展开了及时必要的保护行动，如威尼斯城保护、柬埔寨吴哥窟修复、莫斯塔尔老桥重建、摩苏尔古城重建等。《世界遗产公约》成为世界各国寻求文化遗产领域合作的重要途径，而相关国际保护研究机构也已经成为世界文化遗产保护的重要力量。

影响并丰富了国际遗产保护事业发展，推动世界文化遗产理念体系不断革新完善。构建"人类命运共同体"的重要理念，传统文化中"天人合一""和谐包容"等重要思想，更加深入人心，为世界遗产事业可持续发展贡献了"中国智慧"。

经过30多年的发展，中国世界文化遗产事业已成为文物事业发展的一面鲜明旗帜，为传承中华历史文脉、守护全人类文化瑰宝作出了重要贡献，为加强国家认同和中华民族认同、铸牢中华民族共同体意识作出了重要贡献。

二、中国的世界文化遗产

中国于 1985 年加入《世界遗产公约》。截至 2024 年，中国的世界遗产总数已经达到 59 项，稳居世界前列。中国主导推动中哈吉丝绸之路成功跨国联合申遗，创"一带一路"国际交流合作之先河；持续开展长城、莫高窟、故宫等世界文化遗产保护、研究、展示工程，探索符合中国实际的保护理念；建立健全法律体系、规划体系与监测体系，全面、系统提升遗产管控能力；不断推动遗产保护科技手段创新，鼓励跨学科、跨领域合作，世界文化遗产科技保护多领域跻身世界先进行列；积极鼓励社会力量参与，引导规范遗产旅游发展，全社会保护共识和保护自觉逐步形成；加强国际交流合作，形成《中国文物古迹保护准则》等重要国际文件，"中国理念""中国案例"获国际赞誉。

回顾加入《世界遗产公约》的近 40 年，世界文化遗产事业成为我国的文物保护事业与国际遗产保护事业相互促进、协同发展的重要桥梁和纽带。在积极引进、吸纳以真实性、完整性等为核心的世界遗产保护理念、标准与机制的同时，通过长期、深入的保护管理实践，形成了具有鲜明中国特色的世界文化遗产保护管理模式，在文化线路、运河遗产、活态遗产等多类型，理论研究、监测预警、国际协调等多领域，

三、世界遗产中的园林

（一）世界遗产中的园林

世界遗产包括文化遗产、自然遗产以及文化和自然混合遗产。从大的遗产类型上来说，文化遗产分为三个大类，即文物、建筑群和遗址。文化遗产中也包含了一些特殊类型的遗产，比如文化景观、运河遗产、历史城镇等等。园林就属于文化景观中的一种类型。文化景观是"自然与人共同作用所产生的作品"，文化景观通常依靠可持续性土地利用的特殊技术，并反映了人与大自然特定的精神关系。文化景观主要分为三类，第一类是人类刻意设计及创造的景观，第二类是有机演进的景观，第三类是关联性文化景观。其中，园林就属于第一类"人类刻意设计及创造的景观"。

在我国现有的 40 项文化遗产以及 4 项混合遗产中，近 3 成的世界文化遗产中包含有园林，例如北京故宫、拉萨布达拉宫历史建筑群、大运河、鼓浪屿历史国际社区等（表 1）。

这些世界文化遗产大致可以分为两类，一类是以建筑群等类型为主体，其中包含出于美学原因建造的园林，园林与建筑群相结合；另一类是以园林为主体，园林承载了最核心的遗产突出普遍价值。

序号	世界遗产名称
1	明清故宫（北京故宫、沈阳故宫）
2	拉萨布达拉宫历史建筑群
3	承德避暑山庄及周围寺庙
4	曲阜孔庙、孔林、孔府
5	苏州古典园林
6	北京皇家园林——颐和园
7	杭州西湖文化景观
8	大运河
9	鼓浪屿历史国际社区
10	北京中轴线——中国理想都城秩序的杰作

表1　　　　涉及园林的世界文化遗产

其中，第一类世界文化遗产是以建筑群为主，园林作为建筑群的一部分，例如明清故宫（北京故宫、沈阳故宫），曲阜孔庙、孔林、孔府，鼓浪屿历史国际社区，北京中轴线等。以北京故宫为例，北京故宫的遗产构成要素中包含了御花园、寿宁宫花园等园林，这些宫廷园林和宫殿建筑群一起，构成了中国文明在明、清时期的珍贵见证。

案例：北京故宫

列入时间：1987 年

价值标准：（ⅰ）（ⅱ）（ⅲ）（ⅳ）

突出普遍价值简述：北京故宫是我国古代宫城发展史上的最高典范，为中国古代社会的后期发展，特别是礼制文化和宫廷文化提供了独特的见证。在建筑群体布局、空间序列设计上，它传承和凝练了轴线布局、中心对称、前朝后寝等中国古代城市规划和宫城建设传统特征，成为中国古代建筑制度的典范。其宫殿建造技术与建筑艺术反映了中国古代官式建筑的最高成就，对清朝300 年间的中国官式建筑产生了广泛的影响。宫内的宗教建筑，特别是一系列皇家佛堂建筑汲取了丰富的民族文化特色，见证了 14 世纪之后满、汉、蒙、藏等民族在建筑艺术上的融合与交流。同时，它所拥有的上百万件的珍贵皇家藏品、皇家生活用具，以及大量古代工程技术的文字、图纸、烫样等档案载体，见证了中国明清时期的宫廷文化和典章制度。

第二类世界文化遗产是以园林为主体，园林承载了最核心的突出普遍价值。例如拉萨布达拉宫历史建筑群、承德避暑山庄及周围寺庙、苏州古典园林、北京皇家园林——颐和园、大运河等等。

拉萨布达拉宫历史建筑群的组成部分之一——罗布林卡，是历代达赖的夏宫，建筑与园林格局完美融合，2001 年其作为布达拉宫的扩充项目被列入《世界遗产名录》。

案例：拉萨布达拉宫历史建筑群（含大昭寺和罗布林卡）

列入时间：1994 年，扩展时间（2000 年，2001 年）

价值标准：（ⅰ）（ⅳ）（ⅵ）

突出普遍价值简述：罗布林卡，建于 18 世纪，位于布达拉宫以西 2 公里的拉萨河岸边一片丰茂的绿地。整个宫殿涵盖了 1 个巨大的花园、4 个宫殿建筑组群、1 个寺庙以及其他大殿和亭台，这些建筑与花园的格局完美地融合，创造出一件占地 36 公顷的非凡的艺术作品。罗布林卡与宗教、政治事务紧密关联，一直是作为禅修和签署政治协议的场所。布达拉宫、大昭寺和罗布林卡建筑群通过其位置、布局和建筑形式完美表现了西藏政教合一统治下的行政、宗教和象征性功能。3 处遗产地建筑的精美和独创性，丰富的建筑装饰及其与周边独特景观的和谐统一，都是其突出普遍价值的完美体现。

承德避暑山庄及周围寺庙,于1994年被列入《世界遗产名录》。作为中国古典园林的杰出代表,承德避暑山庄及周围寺庙的造园艺术曾经影响欧洲,在18世纪世界范围内景观设计史上占据重要的地位。

案例:承德避暑山庄及周围寺庙

列入时间:1994年

价值标准:(ⅱ)(ⅳ)

突出普遍价值简述:承德避暑山庄及周围寺庙是中国现存最大的皇家宫苑和寺庙建筑群,避暑山庄是清代帝王避暑的离宫,也是清政府为加强边疆管理而设基地。12座体现了不同民族建筑风格的皇家寺庙,环列在山庄外的东部和北部山麓宫苑区外,象征着民族友好,并护卫着避暑山庄。发生于此的诸多清代重要历史事件、重要遗迹和重要文物,见证了中国多民族作为一个统一国家政权巩固、发展的历史。承德避暑山庄及周围寺庙是中国宫殿建筑、园林艺术、宗教建筑的代表性范例。避暑山庄结合自然山水构建景观,继承发扬了皇家园林的传统,是中国自然山水宫苑的杰出代表;周围寺庙的建筑形式融合了汉、蒙、藏等多民族建筑艺术和文化,集大成地代表了中国建筑发展过程中多民族文化交流与融合的突出成就。承德避暑山庄及周围寺庙的人文景观与承德独特的丹霞地貌等自然环境完美结合,其自然和谐的规划布局是中国传统"风水"学说的成功实践。

作为世界文化遗产的苏州古典园林,共包括9个组成部分,其中拙政园、留园、网师园、环秀山庄于1997年被列入《世界遗产名录》,沧浪亭、狮子林、艺圃、耦园、退思园则于2000年被增补列入。这九大古典园林,建造于公元11至19世纪,是公认的最能体现中国"咫尺之内再造乾坤"之造园思想的杰作。这些园林,精雕细琢,意境高远,反映了中国文化中取法自然而又超越自然的思想。

案例:苏州古典园林

列入时间:1997年,扩展时间2000年

价值标准:(ⅰ)(ⅱ)(ⅲ)(ⅳ)(ⅴ)

突出普遍价值简述:苏州古典园林其历史可以上溯到苏州成为吴国都城的公元前6世纪,深受吴王苑囿启发,私家园林于公元4世纪左右出现,并于18世纪达到了鼎盛。其建造时间最早的当属沧浪亭,其于11世纪初在一个毁坏的花园基础上建立而成。苏州古典园林在中国传统山水画中自由的写意风格的影响下设计和建造,其以意境深远、构筑精致、艺术高雅、文化内涵丰富而著称于世。这些园林完美地诠释了中国古代文人士大夫的隐逸文化、美学思想与城市人居环境的和谐统一。苏州古典园林历代造园者利用有限的物理空间,因地制宜,采用各种技术来艺术化地模拟自然。苏州古典园林意图在一所住宅的空间内,运用高超的叠山理水、花木栽植、建筑配置等造园手法塑造一个微缩的自然世界。这些建造精美的园林体现了中国古代造园家的高超技艺;其取法自然而又超越自然的独特设计理念深刻影响着东西方园林艺术的发展;园林内丰富的各式建筑、假山石峰、书法作品以及各种类型的家具陈设、装饰艺术品等,系统地展示了古代中国江南地区高超的艺术成就,折射出中国传统文化的精髓和内涵。

北京皇家园林——颐和园,于1998年被列入《世界遗产名录》。其亭台、长廊、殿堂、庙宇和小桥等人工景观与自然山峦和开阔的湖面和谐地融为一体,具有极高的审美价值,是几百年来皇家园林的巅峰之作,对后世东方园林的艺术及文化有着深远的影响。

案例:北京皇家园林——颐和园

列入时间:1998年

价值标准:(ⅰ)(ⅱ)(ⅲ)

突出普遍价值简述:北京颐和园将传统宫殿及亭台楼阁的构建融为一体。该座皇家园林建于清乾隆年间,

始建于 1750 年，1764 年建成，最初名为清漪园。颐和园主要由昆明湖（元代首都的水库）和万寿山组成，将政治、行政、居住、观赏、娱乐功能与湖光山色巧妙融合，符合中国天人合一的哲学思想。19 世纪 50 年代第二次鸦片战争中，颐和园被付之一炬，后来，光绪帝为慈禧太后重修此园，更名为颐和园。1900 年，颐和园又遭八国联军破坏，之后再次重建，并于 1924 年起对外开放。位于东宫门内的仁寿殿为最主要的行政活动区。生活区包括 3 个建筑群：乐寿堂、玉澜堂、宜芸馆，它们都依万寿山而建，对面昆明湖美景一览无余。3 处住所以亭廊连接，东至大戏台，西至长廊。乐寿堂门前有 1 座木制码头可供皇室家族乘船以到达寝宫。颐和园其余百分之九十的面积是供皇室观赏美景、澄怀散志而建，并以园林建筑点缀，包括佛香阁、转轮藏、五方阁、宝云阁和排云殿。昆明湖上 3 座岛对应着中国传统园林中山的象征性元素。湖的南边是十七孔桥，与东堤相连。西堤景致不凡，横跨有 6 座风格各异的桥。另外，万寿山北边还有汉代及西藏风格的庙宇，东北边还有德和园。颐和园是几百年来皇家园林的巅峰之作，对后世东方园林的艺术及文化有着深远的影响。

（二）园林类遗产的保护

对于园林类遗产的保护，1981 年 5 月 21 日，国际古迹遗址理事会和国际风景园林师联合会的国际历史园林委员会在佛罗伦萨召开会议，起草了以该城市命名的历史园林保护宪章，即《佛罗伦萨宪章》。国际古迹遗址理事会于 1982 年 12 月 15 日采纳了该宪章。《佛罗伦萨宪章》作为《威尼斯宪章》的补充，对历史园林的定义与目标，维护、保护、修复、重建、利用，确定了基本的原则，成为园林遗产保护的纲要性指导文件。

区别于其他类型的遗产，园林类遗产具有以下 4 点特殊性：

第一点，遗产保护的活态性。从《佛罗伦萨宪章》中对历史园林的定义体现了这一点："历史园林指从历史或艺术角度而言民众所感兴趣的建筑和园艺构造，历史园林是主要由植物组成的建筑构造。因此它是具有生命力的，是活态的。"

第二点，遗产构成的独特性。历史园林的构成包括：平面和地形；植物，包括品种、面积、配色、间隔以及各自高度；结构和装饰特征；映照天空的水面，死水或活水。从世界遗产的构成要素来看，园林类遗产的构成也具有特殊性。例如，颐和园的遗产构成要素除了建筑之外，还包括了树木、叠石、水池等。

第三点，管理模式的特殊性。从保护管理模式上看，园林类遗产的管理模式也与一般遗产有所不同。以四大名园涉及的世界遗产为例，除承德避暑山庄及周围寺庙的管理机构为文物部门外，苏州古典园林和

表 2　　　　　　　　　　　四大名园涉及遗产的保护管理机构

遗产名称	遗产的保护管理机构
承德避暑山庄及周围寺庙	承德市文物局
苏州古典园林	苏州市园林和绿化管理局下设的 3 处公园管理处
北京皇家园林——颐和园	北京市公园管理中心下设的北京市颐和园管理处

颐和园的管理机构均为园林绿化局下属单位（表2），遗产的保护需要文物部门与园林绿化部门加强沟通与合作。

第四点，社区关系的密切性。园林类型的遗产往往具有较好的观赏性，在现今生活中也在改善周边社区人居环境、提升社区环境品质上发挥着重要作用，与周边社区的关系也更为密切。

四、下一步工作建议

基于以上对世界遗产以及园林类遗产的分析，下面对于园林类型的世界文化遗产的保护传承工作，提出以下几条建议。

第一，开展园林类遗产保护专题研究。对于园林类型的遗产，目前仍存在一些特殊的保护管理问题，还需开展专题研究。例如，目前业内的研究较少，亟须通过深入研究来解决专业性保护的问题，如园林类遗产中假山、古建筑与古树名木保护的冲突问题。古建筑、假山和古树名木都是重要的遗产本体，协调三者之间的保护成为多数园林普遍面临的棘手问题，解决方案至今尚未形成。

第二，积极开展园林类遗产的国际交流合作。中国的园林类遗产是中华优秀传统文化的独特见证，是讲好中国故事、展示中国形象的重要窗口，建议加强园林类文化遗产价值的国际交流传播，将中国传统文化中天人合一、自然文化交融的理念与全球同行共享，探讨园林遗产保护管理的新技术和新方法。

第三，加强专业技术人员培训。结合世界遗产、园林等保护管理的特殊要求，开展保护管理机构能力建设和人才培养，结合园林遗产保护联盟的建立，结合实际保护管理需求，定制多学科培训课程，各遗产地轮流举办专业培训活动。

第四，丰富社区参与机制与形式。丰富社区参与的具体形式，组织社区、利益相关者参与园林遗产保护管理的相关活动，例如开展园林类遗产价值讲解活动、聘请公众督察员开展公众监测活动等。加强周边社区对身边世界遗产的了解，同时通过社区参与到遗产保护当中，增加社区与世界遗产的联系。

04 颐和园助力首都旅游经济发展的研究探索

李晓光　李　轩　李　萍

本研究通过深入挖掘颐和园发展现状，科学对比颐和园和北京相关旅游经济发展数据相关性，通过统计学检验形成科学客观的研究结论，深刻阐述颐和园对首都经济复苏发挥的作用。与此同时，在北京市各大著名景点和交通枢纽开展游客消费情况调查，广泛采集游客真实消费情况数据，深入挖掘游客真实需求及旅游意愿，通过多元对比分析颐和园经济发展薄弱点，形成相关发展建议。

一、旅游热度空前带来消费全面增长，历史建筑和文化遗产受到游客的青睐

2023 年，北京位居全国热门城市 TOP1[1]，全市接待游客 3.29 亿人次，同比增长 82.78%，全市旅游总收入 5849.7 亿元，同比增长 132.10%，旅游经济回升至 2019 年水平，在全国旅游经济复苏中占据相当

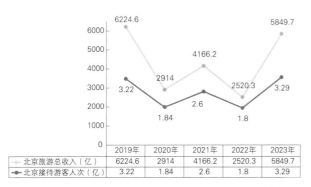

图 1　2019—2023 年北京市接待游客人数及花费[2]

比重，起到引领示范作用。数据显示（图 1），2023 年，历史建筑和文化遗产受到旅游者的青睐，"文化体验"热门城市[3]中，北京位居榜首，故宫、长城、颐和园、天坛公园、雍和宫都是旅游者寻求文化探索的热门打卡地。随着全球旅游者对深度文化体验需求的日益增长，这些兼具历史深度和文化丰富性的城市成为旅游市场的亮点。

颐和园作为古典园林之典范，是世界文化遗产，也是北京历史文化名城的重要组成部分，在北京文化和旅游产业发展中具有示范的作用。数据显示，2023 年经济复苏背景下，颐和园接待游客数量达到 2105.07 万人次，占北京接待游客数量的 6.4%，收入超过 4.73 亿元，占北京旅游总收入的 0.08%，游客数量和旅游收入均创历史新高，在首都文化传播、旅游发展和国际交流等方面做出了重要贡献。

二、作为兼备历史和风景的旅游胜地，颐和园优秀的文化产品和优质服务成为激发首都游客消费潜力的重要组成部分

（一）问卷调查情况

为进一步了解颐和园对首都旅游经济复苏作出的贡献，选取北京站、北京西站、北京大兴国际

机场、北京首都国际机场、北京南站 5 个交通枢纽和前门大街、王府井大街、南锣鼓巷、故宫、颐和园、天坛公园 6 个热门景点，主要围绕游览意愿、消费金额、消费项目、消费黏性等方面开展调查，发放问卷770 份。

1. 游览意愿

据调查，外省市来京游客到颐和园的游览意愿较高，游客游览倾向在北京各大热门景点中排名第三，仅次于天安门广场和故宫，是外地游客来京旅游的主要目的地（图 2）。

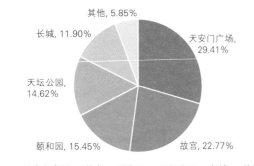

图 2 来京游览意愿分析

在被调查的游客中，46.36% 的游客当次游览行程中包含颐和园，游览原因主要集中在感受历史与文化、自然风光、著名景点、建筑艺术等方面（图 3）。

到颐和园游览的游客中，84.87% 的游客表示若有机会愿意再次游览颐和园（图 4）。

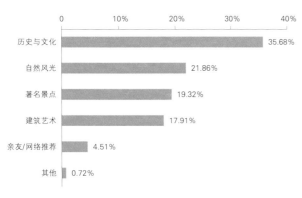

图 3 颐和园游览原因分析

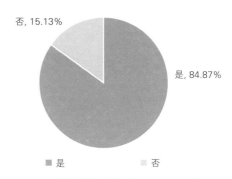

图 4 颐和园消费黏性分析（是否再次游览）

2. 消费金额

据调查，40.88% 的游客人均消费在 1000~3000元。颐和园人均预算金额为 100 元以内的比例为43.42%，100 元以上的比例为 56.58%，高于天安门广场（53.43%）、天坛公园（41.56%）人均预算 100 元以上比例。总体来说，游客游览颐和园的花费更高。

3. 消费项目

在游览颐和园过程中，交通、住宿和餐饮花销所占比例较高，均超过 20%；其次是景点消费，占比为18.86%（图 5）。

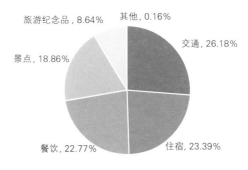

图 5 颐和园消费项目分析

4. 总结

问卷调查结果显示，来京游客中前往颐和园游览倾向较高，同时，颐和园观光游客消费黏性大。游客是旅游消费的基础，颐和园游客较高的游览倾向和消费黏性对首都旅游经济复苏起到了积极作用。同时带动景区设计 / 建设企业、智慧景区技术供应商、各类型物资/能源供应商、景区配套设施（酒店、餐饮、交通等）、旅社和线上旅游平台等相关产业链发展。

（二）数据研究分析

通过皮尔逊相关性分析，分别检验"颐和园年度总产值""颐和园接待中外游客""颐和园购票游客量""颐和园门票收入""颐和园园内商业收入""颐和园文创收入""颐和园财政拨款收入""颐和园事业收入"[4]与"北京市旅游总收入"之间的相关性，在8个解释变量中，仅有"颐和园接待中外游客""颐和园购票游客量""颐和园门票收入"与"北京市旅游总收入"存在正向线性关系，即"北京市旅游总收入"数据变化与"颐和园接待中外游客""颐和园购票游客量""颐和园门票收入"数据变化正向相关。因此，在分析过程中，主要研究颐和园游客人数及门票收入对北京旅游总收入的贡献。

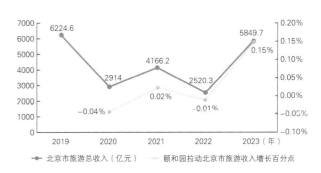

图6　2019—2023年北京市旅游总收入及
颐和园拉动北京市旅游收入增长

1. 颐和园对北京旅游收入增长贡献百分点

通过统计2019—2023年数据，计算颐和园拉动北京旅游收入增长百分点[5]。

数据显示（表1、图6），2020—2022年，颐和园年度收入变化趋势与北京市旅游总收入变化趋势相符；2023年，颐和园年度收入同比大幅提升，超过2019年年度收入水平，"颐和园拉动北京旅游收入增长百分点"数值由负转正，显著提高，可以认为2023年颐和园对首都旅游经济增长做出较强贡献。

2. 颐和园游客在北京市消费总量

相关性检验表明，颐和园游客人数及门票收入与北京市旅游总收入之间存在相关关系；问卷调查结果显示，游客游览颐和园的倾向在北京各大热门景点中排名第三，仅次于天安门广场和故宫，是外地游客来京旅游的主要目的地。与此同时，各大旅游排行榜和北京景点攻略也如实反映了颐和园的旅游热度：在线旅游平台App"去哪儿旅行"显示，颐和园在北京景

表1　　　　　　　　　　　　　　　颐和园拉动北京市旅游收入增长百分点

年份	北京市旅游总收入[6]（亿元）	颐和园年度收入（亿元）	颐和园拉动北京市旅游收入增长百分点
2019	6224.6	3.73	—
2020	2914	0.93	−0.04
2021	4166.2	1.54	0.02
2022	2520.3	1.02	−0.01
2023	5849.7	4.73	0.15

点中排名第四，有 43% 的来京游客❼前往过颐和园进行参观游览；携程旅行显示，颐和园在北京景点中排名第五，热度 9.0 分，在风景名胜分类中仅次于故宫博物院和八达岭长城❽。

众多调查数据表明，颐和园是北京市旅游经济发展不可或缺的部分，近 5 成来京游客将颐和园选为游览目的地，其中连带产生的经济效应表明，颐和园游客消费对北京市旅游总收入做出重要贡献。

2023 年，颐和园接待中外游客共计 2105.07 万人次，占当年北京市旅游人数的 6.40%。收入 4.88 亿，占北京市游览分区收入 0.765%，来园游客为北京市旅游经济贡献消费量达到 462.81 亿元❾，占北京市旅游总消费的 7.90%（表 2~ 表 5）。

人均消费方面，2023 年，北京市游客人均消费 1778.02 元，伴随颐和园游客人数大幅提升，与 2019 年相比，为北京市旅游经济贡献消费量增长 76.34 亿元，均创下新高（图 7）。

3. 游客人数与门票收入

从游客人数方面来看，数据显示（图 8），2023 年颐和园接待游客人数占北京市游客人数比重与 2022 年相比大幅上升（2.49%），相比 2019 年上升 1.72%。

2019—2022 年，颐和园购票游客量占北京市游客人数比重呈下降趋势，2023 年相比 2022 年大幅回升（2.54%），与 2019 年相比上升 0.23%，创造近年来历史新高（图 9）。

门票收入方面，2019—2023 年，北京市旅游总收入经历两次下落，在 2023 年迎来大幅回升，收入总量接近 2019 年同期水平（图 10）。

其中，颐和园门票收入占北京市旅游总收入比

表 2　　　　　　　　　　　　　　　　　　2023 年北京市旅游市场情况❿

项目	合计	外省来京游客	市民在京游客	入境游客
人次（万人次）	32853.7	18119.2	14617.7	116.8
收入（亿元）	5849.7	5093.8	637.4	118.5
人均消费（元）		2811	436	10146

表 3　　　　　　　　　　　　　　　　2023 年北京市分区旅游收入（亿元）⓫

分区	合计	增长（%）	餐饮	住宿	交通	游览	购物	文化娱乐及其他
北京市	5849.7	132.1	1021.1	877.1	821.1	637.5	1785.0	707.9

表 4　　　　　　　　　　　　　　　　　2023 年颐和园游客接待情况⓬

项目	外省来京游客	市民在京游客	入境游客
人次（万人次）	1518.58	575.8	10.69
颐和园游客在京消费（亿元）	426.87	25.10	10.84

表 5　　　　　　　　　　2019—2023 年北京市与颐和园收入及游客人数相关数据

年份	市旅游总收入（亿元）	市旅游人数（亿人）	颐和园接待游客（万人次）	颐和园游客在京消费（亿元）⓭	颐和园游客在北京消费总量占比（%）⓮
2019	6224.6	3.22	3.22	297.93	4.79
2020	2914	1.84	713.19	112.95	3.88
2021	4166.2	2.6	1027.72	164.68	3.95
2022	2520.3	1.8	740.56	103.69	4.11
2023	5849.7	3.29	2105.07	374.27	6.40%

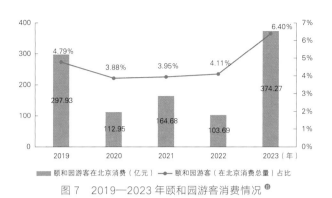

研旅颐
究游和
探经园
索济助
发力
展首
的都

◇
04
◇

The Summer Palace 2024

〇二八 —— 〇二九

图 7　2019—2023 年颐和园游客消费情况⑮

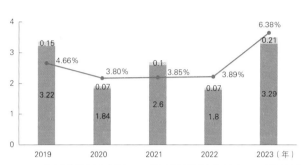

图 8　2019—2023 年北京市 / 颐和园接待游客人数及
变化趋势⑯

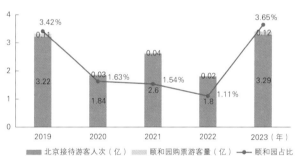

图 9　2019—2023 年北京市接待游客人数与
颐和园购票游客量变化趋势

重变化趋势与北京市旅游收入同比变化趋势相符，且 2023 年占比超过 2019 年同期水平，上涨 0.01%，表明颐和园门票收入占北京市旅游收入的比重相比 2019 年有所提升，颐和园对北京市旅游经济的助力作用越发明显（图 11）。

在颐和园接待中外游客、颐和园购票游客量与颐和园门票收入呈现显著正向线性关系的背景下，颐和园购票游客数量的增加成为扩大其在北京市旅游经济收入中所占比重的关键。2019—2023 年，颐和园全面部署，广泛开展文化宣传、游客服务、文物保护等相关工作，推进工作实施，吸引游客来京来园参观游览，持续发挥颐和园助力北京市旅游经济增长与复苏的重要作用。

结论：相关性检验和相关数据分析显示，北京市旅游收入与颐和园接待中外游客、颐和园购票游客量和颐和园门票收入呈正相关；2023 年颐和园接待游

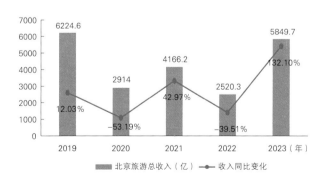

图 10　2019—2023 年北京市旅游总收入及变化趋势⑰

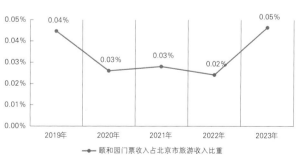

图 11　2019—2023 年颐和园门票收入
占北京市旅游收入比重变化趋势

客人数占北京市游客人数比重大幅上升，颐和园门票收入占北京市旅游总收入比重变化趋势与北京市旅游收入同比变化趋势相符，且比重较 2019 年有所提升，表明游客人数和门票收入是颐和园影响北京市旅游收入的两个重要方面。

（三）颐和园产业带动作用

旅游行业上下游产业链涉及多个领域，上游产业链主要包括旅游资源开发和旅游设施建设，下游产业链则主要包括旅游服务提供和旅游产品销售。文化遗产和旅游经济相结合的发展模式主要包括保护型和改造型两大类[⑩]，颐和园发展模式从保护型走来，逐渐形成保护与改造相结合的新型发展模式。2023 年，海淀区旅游收入 1003.1 亿元，游览分区收入 109.0 亿元，颐和园收入占比 4.48%，作为三山五园规划中的重要一环，带动以三山五园区域内景观整合、餐饮、住宿、交通设施健全为主的上游产业，和以区域内旅游服务、游客安全保障、文创商品销售为主的下游产业共同发展。

三、深入思考，进一步提升颐和园在服务首都发展、传承优秀文化、高效匹配供需、优化游园体验等方面的综合实力

（一）服务首都发展

颐和园作为重要的政务活动地，必须以打造"国家会客厅"为目标，不仅要以生态为底色、文化为特色、服务为亮色，充分发挥山水、人文、历史优势，不断在文化宣传、游客服务、文物保护方面加大工作力度，更需要上级部门以规划引领，加强政策支持和资金投入，实现内外联动，同步发力，使颐和园在文化遗产保护和旅游经济提升中实现平衡发展，不仅作为游客观光胜地，还能够承担起接待国家和国际重要客人的职责，树立全面、良好的品牌形象。

（二）传承优秀文化

提升公共文化服务水平，是推动文化旅游融合和高质量发展的主要任务之一。保护好、利用好厚重的文化资源，是颐和园的责任和工作重点之一，也是吸引海内外游客来园参观游览的潜在动力，更是做好文化遗产保护、传统技艺传承工作，弘扬中华优秀传统文化的必然要求。在实际工作中，一方面，依托"一城三带"保护发展规划，立足三山五园国家文物保护利用示范区建设，稳步推进历史名园保护建设，在遗产监测、预防性保护体系不断完善的基础上，持续开展园林景观和古建筑群（遗址）保护工作。另一方面，要注重文化旅游和体验场景的营造，开发体验性强、互动性强的活动和文创产品，形成沉浸式的体验氛围和多品类活动的综合吸引力，更好地实现大众旅游和个性体验的相统一。

（三）高效匹配供需

颐和园要始终坚持以人民为中心的发展思想，把服务游客作为一切工作的出发点和落脚点，积极吸纳游客意见建议；加快智慧公园建设，强化资源配置，优化购票服务流程，升级服务设施，提升餐饮、文创商品质量，规范服务标准和流程，加强老年人服务、人性化服务，坚持从多方面、多角度把服务品质提升落到实处。

（四）优化游园体验

进一步加强旅游惠民便民服务，完善公共基础服务设施、信息平台整合建设，协调上级部门加快周边配套设施完善、联动区域内产业链协同发展；分析发

展需求、研判重点任务，出台专项措施，加快线上线下服务融合，在出行、住宿、餐饮、文化等方面，为海内外游客提供更加便捷、舒适、智能、全面的公共服务，提升旅游业标准化、专业化水平，促进旅游业高质量发展。

（五）争取政策扶持

统筹保护和发展，将文化遗产保护理念和旅游经济发展规划相结合，在文化研究、遗产保护成果转化和园内外营商环境优化等方面出台统筹性、针对性政策，保障文化遗产的维护、修缮持续的资金投入和技术支持，增加文化传播、展示、交流方面的国际交流机会，深化品牌效应，吸引合作机遇，促进更丰富、更优质的文化交流。

注 释

❶ 数据来源：马蜂窝《2023 旅游大数据报告》，热门城市 TOP10 分别为：北京、成都、重庆、上海、杭州、西安、广州、贵阳、苏州、南京。

❷ 数据来源：北京市文化和旅游局。

❸ 数据来源：马蜂窝《2023 旅游大数据报告》，"文化体验"热门城市 TOP10 分别为：北京、苏州、南京、长沙、西安、黔东南、洛阳、大同、成都、杭州。

❹ 数据来源：北京市颐和园管理处。

❺ 颐和园拉动北京市旅游收入增长百分点：颐和园收入增量（本年度收入 - 上一年度收入）/ 去年同期北京市旅游总收入 ×100。

❻ 本文中以北京市旅游总收入水平反映首都旅游经济发展水平。

❼ 该数据调查范围为使用在线旅游平台 App 去哪儿旅行的用户。

❽ 排名前五的景点分别为：北京环球度假区、故宫博物院、八达岭长城、中国国家博物馆、颐和园。

❾ 为北京市旅游经济贡献消费量 =（外省来京来园游客人数 × 外省来京游客人均消费）+（市民在京来园游客人数 × 市民在京游客人均消费）+（入境来园游客 × 入境游客人均消费）。

❿ 数据来源：北京市文化和旅游局。

⓫ 数据来源：北京市文化和旅游局。

⓬ 数据来源：北京市颐和园管理处。

⓭ 颐和园游客在北京消费 = 北京市游客人均消费（北京市旅游总收入 / 北京市旅游人数）× 颐和园接待中外游客。

⓮ 颐和园游客在北京消费总量占比 = 颐和园游客在北京消费 / 北京市旅游总收入 = 颐和园游客占比 = 颐和园接待中外游客 / 北京市旅游人数。

⓯ 颐和园游客在北京消费 = 北京市游客人均消费（北京市旅游总收入 / 北京市旅游人数）× 颐和园接待中外游客。

⓰ 数据来源：北京市统计局、国家统计局北京调查总队网站，北京市 2019—2023 年国民经济和社会发展统计公报；北京市颐和园管理处。

⓱ 数据来源：北京市统计局、国家统计局北京调查总队网站，北京市 2019—2023 年国民经济和社会发展统计公报。

⓲ 保护型模式是以现有的文化遗产为核心对象，融合遗址保护和旅游的开发利用，实现文旅协同；改造型模式是指对现有的物质文化遗产进行延续利用与活化改造来发展旅游，在保留原有文化的基础上，为迎合现代人的需求，在功能上进行餐饮、酒店、民宿等形式的改造。

05 世界文化遗产颐和园价值挖掘与活化利用
——以养云轩为例

王树标

引言

随着全球文明多元化的不断深入和现代化进程的加快，我国的文化生态正在发生深刻变化，作为承载民族精神与文明底蕴的文化遗产，其合理的活化利用不仅能够有效发挥旅游产业和文化产业的双重优势，也是推动中华优秀传统文化创造性转化、创新性发展的重要途径。同时我们也面临着两大挑战：一方面，文化遗产的保护与利用尚未全面实现整体性与可持续性；另一方面，文化遗产价值未能实现有效和长久地活化。在中国，文化资源灿若星斗，如享有世界文化遗产之誉的颐和园，其历史文化资源丰富，文化品牌吸引力强，文化遗产的保护、传承和挖掘工作均得到了显著提升。2024年，颐和园为纪念其对公众开放110周年，集聚智慧、凝聚共识，与高质量发展同向共赴，设立以养云轩历史院落为文化与科研的学术基地，站在尊重历史、尊重文化、尊重生态角度，系统推进文化遗产的研究阐释与活化利用，以期让文化遗产真正"活"起来。

现存的文物建筑囿于理念、资金、时间等各方面原因，仍然较为依赖于"圈层式"的文物保护管理体系。而将养云轩作为颐和园研究院重要的应用、展示和交流基地，则充分强调文化的"在地性"，尊重历史、重在当下、面向未来，通过追寻院落历史与文化的过程，文化赋能的脉络、特质展现愈发清晰。颐和园作为高质量的学术阵地，以古典园林植物与景观研究、园林古建筑研究、文物研究、园林历史文化与传播研究为核心，引领各领域或独立，或碰撞并协同发展以建设平台与智库。

所谓"志合者，不以山海为远"，文化无穷尽，创意无限大。今天的养云轩作为颐和园文化、科研、学术的集聚地，面临着一个新的历史起点，未来十年是实现颐和园高质量发展的关键时期，是共同构建平台、产出成果的重要关口，是形成以文化为根基、以文化为动力、以文化为支撑的核心阵地。因此，笔者不揣冒昧，初步梳理了对养云轩保护利用的相关实践和方法，结合新发展阶段的理念和思想，重点阐释活化的路径与场景，并对未来事业中的创新、活化利用和发展作出展望。

一、历史沿革 文化背景

（一）历史背景

养云轩位于万寿山前山南侧，始建于清乾隆十九年（1754年），作为颐和园保存最为完整的历史院落，是能够客观、真实地展现和维系文化传承的重要地点。其幸免于清咸丰十年（1860年）的大火，是颐和园中为数不多的保存至今的乾隆时期的建筑群。其名意为"养蓄云气之轩"，且当时建筑布局呈疏朗之风，反映出乾隆皇帝对此院落园林建筑风格的喜爱。养云轩分为前后两进院落，中以宇墙相隔；前院内东、西值房各3间；正殿养云轩坐落在后院，正殿东、西各有硬山顶耳房3间，另外还有东配殿"随香"、西配殿"含绿"以及连接正殿和东西配殿的东、西转角廊各5间；另有西式钟形门1座。该院落现在由10座单体建筑组成的形式为清光绪十七年（1891年）重修后的布局，是在原正殿、东西配殿、东西耳房及游廊的基础上进行了改建和添建，将正殿两侧原本各1间的耳房扩大为3间，又添建了入口处东西侧的各3间值房。延续至今的这一建筑布局，是清光绪时期为了满足妃嫔们居住需求而形成的，有别于乾隆时期始建时的建筑布局。其后养云轩的功能由休憩处所演变为慈禧太后来园时妃嫔、命妇、格格的休息之所。

清朝灭亡后，不同历史时期分别对养云轩进行过维修并进行了功能的调整。1931 年进行补修后，1932年至 1992 年，养云轩先后做过宾馆、办公用房等。

目前，园方已进行了文物建筑修缮、室内装修和空间布置以及院落文化景观建设。硬件部分整修的完成，也标志着研究院基地内部使用和外部交流功能的启用，同时也迎来对游客的开放。纵观养云轩的历史发展及其功能的演变，园方对养云轩此次的整修已实现了对历史文化遗产、空间布局、建筑庭院和环境设施等景观元素的还原与再生，不仅使养云轩成为展现、解读历史最好的实物，更是对历史院落活化利用的深度实践，映射出不同时期的社会变迁与文化交融。

（二）文化特色

清乾隆二十年（1755 年）乾隆皇帝作《养云轩》诗："名山多奇境，平陵构疏轩。轩中何所有？朝春饶云烟。"诗中描述养云轩通过因势、随形、虚实的营构手法与自然山水的美沟通汇合起来，体现了建筑自然化的中国古典园林营构理念。"水云养以湖，山云养以室。居山复近水，云相兹合一。"诗中的养云轩偏处一隅，背山邻水，浮游湖山间。轩前烟波浩渺聚泅润之气，有云水相望之乐；轩后松烟石瘴汇成山岚，顺山势灌入轩中。其近观疏淡简拙、卧云精舍，远观刚柔并济、仁智相形。诗中所描绘的"水云、山云"所阐述的不仅是对自然景观的描绘，更是古人对于宇宙万物运行规律的一种深刻洞察，与《论语》中"仁者乐山、智者乐水"理念相呼应，养云轩作为一个集文化、学术研究于一体的空间载体，无疑是这种理念的具体体现。现在其不仅承载了乾隆皇帝寄情山

水的情怀、山云水汽相容相滋的感受，也有望成为现代学术交流与文化研讨的重要平台。在这里，不同领域的专家学者汇聚一堂，实现了理论与实践的有机结合。诗中"云相兹合一"画龙点睛，与颐和园研究院致力于构建内、外部学术沟通桥梁的理念与愿景不谋而合。正如天上的白云聚散自如，学术思想在这里自由流动，跨学科、跨专业的交流合作得以促进，形成了一个开放包容、多元共生的学术生态圈。这不仅有利于推动中华优秀传统文化的传播，也让颐和园这一文化遗产在新时代背景下焕发新生机，同时也激励后人在文化传承与创新的道路上不断前行。

养云轩整体院落景观布局具有"贵深厚而不贵繁，贵精神而不贵华"的特征。东配殿匾额"含绿"，西配殿匾额"随香"，是中国古典园林中常见的艺术手法，即通过楹联匾额的形式以植物点景。养云轩，以名雅逸，"丰而不奢、约而不陋"，处处透露着对细节的考究与对意境的营造。其院落中园林文化内涵的寄寓主要以景观布置来体现，在充分考量了古典园林景观意境的同时，也兼顾了现代的活化功能。院内栽花取势，景观朴淳，地颇雅洁。"含绿"屋前，桂香扑鼻，旁植一槐，直拟清霄，每曦晨伏昼，不受日影；"随香"窗前，细草茸茸，牡丹间之，梨花媚景。东西耳房规制朴野，前侧蜡梅一本，映若疏帘，旁有玉兰，花时追赏。西侧绿竹猗猗，若帏若幕。院中古柏三株，望之蔚如。坐于院廊中或凭窗倚望，清风

自生，致为佳胜。养云轩在景观营造方面，深入挖掘了庭院气质、植物特色和园林技艺，成为一个融合了古今园林之美，又兼具颐和园特色植物技艺的如琢如磨的双重景致。

二、保护展示与活化利用

历史院落作为文化遗产保护的关键组成部分，其保护理论正日益倾向于综合性和多元化。其更有弹性、更具适应性、特色鲜明的理论方法，将在当前及未来的保护实践和传承发展中发挥更为显著的作用。概括来说，首先，历史院落的"物质"特性被持续传承的同时，"意义"特性也日益受到重视。人们逐渐认识到保护与利用并非主要基于其历史上的使用目的、功能或意图，而是更多地基于其当前能够传递的信息、未来能够传承的价值、文化传统以及象征意义。在当今时代，文化意义的活用已成为遗产保护与利用的核心理念和主要内容，而养云轩历史院落的定位恰好与这一理念相契合。其次，寻求共识，重视文化共享。养云轩历史院落的建设与创新，标志着从其"物质保存"向"价值传承"的转变，体现了内在驱动力与外在推动力的有机结合，是"以人为本"和"文化价值"理念的新高度。如今的养云轩，需以更加开放包容的姿态，联合社会各界的智慧与力量，激起文化价值创新性发展和创造性转化的无限可能性，借助颐和园的文化影响力、人才资源和科研实力，促进文化遗产的共享与交流，使历史院落成为连接过去与未来的纽带。通过建立工作室、实验室、成果展示平台，并举办多样化的文化活动，赋予养云轩新时代下的新的活力。

（一）古今重叠共生的活化利用探索

近年来，颐和园文化研究工作方兴未艾，学术界的专业人才和研究成果亟需一个展示与交流的平台，以及一个充满文化氛围的环境，而不应仅局限于学术界的象牙塔之内。同时，颐和园研究院在新质生产力的推动下持续发展壮大，构建文化高地的必要性日益凸显。为搭建高水平学术平台，发挥京津冀地区科研优势，吸引和培养优秀学术人才，推动跨学科、跨领域文化交流与合作提供平台保障。养云轩历史院落，凭借其深厚的文化底蕴、合理的功能布局以及适宜的规模，可视为历史文化与科学研究的不二场所。

养云轩的活化利用旨在秉承其初衷，即注重学术·科研兴院、弘扬文化·滋养社会、人才立院·弦歌不辍、颐和精神·传承发扬。基于此，在学术争鸣、百花齐放的同时，细分赛道，以文化研究与对外交流、园林生态与植物保护、古建筑营造与传统技艺传承、艺术空间与文化沙龙等为主题划分板块，下设多个研究中心，为颐和园未来的发展提供源源不断的文化动力、科技动力、人才动力。

（二）以文化价值为导向的活化路径

历史院落作为特定人文地理环境和时代背景下的产物，展现了某一居所或地区的生活方式与文化传统，成为辨识文化身份的重要标志。其涵盖了丰富多样的文化形态和寓意深刻的文化内涵，涵盖了历史价值、象征意义、精神价值以及审美价值等多个层面，构成了当代社会极为重要的文化遗产资源。如何实现历史院落的价值增值，活化利用的路径尤为重要。颐和园养云轩历史院落在建设与创新过程中面临着重大挑战，如何选择恰当的活化策略，以促进创造性转化与创新性发展，持续增强文化研究的活力，以及如何深入挖掘并阐释中国文化基因及其在当代的作用与应用，是必须审慎思考的课题。以养云轩为例，从以下几方面着手：一是历史价值，梳理人文历史、推敲布局构筑、挖掘文化价值，从单一的价值延伸到多元价值的重构；二是艺术价值，明确多元价值构架，从园林景观、园林空间、园林意境着眼，深化设计理念；三是文化价值，突出核心定位，以颐和园文化传承与科学研究为主体作功能划定；四是科学价值，在不影响院落本体的情况下，通过合理适度的景观设计、互动体验、数字化手段等方式予以实现；五是社会价值，重视和推动公众参与、文化共享，从实践上加强与高校、科研院所的合作，发挥颐和园研究院在知识的记录与传播、文化传承、社会凝聚力等方面所具有的价值。

（三）对空间活化的深化解析与延伸

养云轩的活化策略，是对其悠久历史文化的一次创造性转化与创新发展，通过一系列学术交流活动、文化活动与景观营造活动，实现了古典园林与新质生产力的有机融合，使其不仅是静态的历史遗迹，而是成为动态的文化交流平台，促进了文化和社会的多重增值效应，进一步增强颐和园、京津冀乃至全国文化的活力与吸引力。

1. 室内空间板块：创新与传承的交汇点

文化研究交流与重点成果展示室。作为展示最新研究成果与文化成就的关键窗口，其用以呈现文化遗产保护、修复、数字化等方面的前沿进展。加强与各方面文化与科研机构、院所及各方专家的交流合作，促进知识分享与经验互鉴，提升文化链接、思想碰撞所产生的新认知，阐释价值新维度和空间。

古典园林生态工作室。聚焦于古典园林生态系统的试验、研究，工作室将着眼于园艺学、生物学、环境保护等多个领域，开展生物防治、生态恢复、物种多样性保护、低碳应用等方面课题的研究与实践。借助大数据、物联网等智能技术手段，监测园林环境变化，提出针对性解决方案，引领古典园林向着更加生态友好与可持续的方向发展。

文物建筑工作室。其专注于古建筑的保护与修复，建设成为培养新一代古建筑保护人才的研究与实践结合基地。通过实操训练、模拟修复项目，传授传统技艺与现代科技手段相结合的古建保护方法。同时，研究修缮、监测技术，开发数字化档案管理系统，记录修复历程，为后续研究与教学积累珍贵资料，确保文化遗产历史信息的真实性与完整性。

古树名木工作室。鉴于古树名木在园林生态系统与文化传承中的特殊地位，工作室以专业化团队进行古树名木的健康管理与科学研究。基于数据监测收集、个体保护、局部小气候影响、整体生态及文化保护、土壤改良等方面研究，使古树这一有生命的文物得到全面有效的保护，延续其作为自然与人文历史见证者的价值。

技艺交流与培训室。其旨在促进非物质文化遗产技艺、园林绿化技艺、文物古建技艺的交流互通，提供沉浸式的学习体验。通过面对面的交流与实践活动，促进技艺的传承，以及相似技艺的互融互鉴。

文化艺术创意厅。其旨在建设成为一个孵化原创艺术作品与培育创新思维的摇篮。鼓励跨学科探索与碰撞，激发创作灵感。定期举办艺术展、研讨会，搭建一个直接对话的平台，促进艺术创新与公共参与的双向互动，推动文化艺术创意的高质量发展。

2. 室外环境空间板块：自然与文化、传统与现代的表达

在养云轩室外空间板块的设计构思中，选择了具有浓厚中国传统文化底蕴的特色花卉与树木，如玉兰、海棠、桂花、牡丹、竹子、蜡梅等，不仅营造了四季变换、景色宜人的自然景观，还深层次地嵌入了丰富的人文内涵。例如，玉兰、海棠、牡丹、桂花的组合，象征"玉堂富贵"。配植的桂花、梅花、蜡梅作为"一园多品"的特色花卉，都是颐和园皇家园林植物养护技艺延续的具体展现。古槐和古柏作为北京市树，统一于同一空间，展现了空间序列的和谐与文化内涵的张力，体现了皇家院落的气质与韵味，而古树监测设备正在用现代方法注视着这一活的文物。"大槐树下的文化沙龙"旨在重现古代士人树下切磋学问、交流心得的雅趣场景，使得学术交流与文化拓展相得益彰。

文物古建透射出文化底蕴和厚重历史，室内场景阐释着现实活力与新的历史，室外空间则把自然景观与人文色彩融为一体，这种从历史走向历史、从历史走向未来的韵味使古老院落真正"活"起来。

三、挑战机遇 发展策略

习近平总书记对加强文化和自然遗产保护传承利用工作作出重要指示：要持续加强文化和自然遗产传承、利用工作，使其在新时代焕发新活力、绽放新光彩，更好满足人民群众的美好生活需求。要加强文化和自然遗产领域国际交流合作，用实际行动为践行全球文明倡议、推动构建人类命运共同体作出新的更大贡献。颐和园作为世界文化遗产，是全球公认的园林文化艺术地标和宝库，不仅要对文化遗产物质核心进行"静态"保护，更应对文化遗产精神内涵进行"动态"传承。养云轩等历史院落的活化利用，是对文化和自然遗产传承、利用工作的最好回答。未来，颐和园将全力推进文化遗产活化利用，切实把文化资源优势转化为高质量发展优势；依托西山永定河文化带、大运河文化带发展建设，坚定保护规划和自身特色，奋力打造世界文化遗产保护、传承与利用的典范。

四、结语

路漫漫其修远兮，文化遗产的发展愿景并非一蹴而就，对其活化利用与价值挖掘是个慢变量，而在这一过程中作为主体的"人"，其意识必须觉醒。颐和园作为中国古典园林殿堂和世界文化遗产明珠，绝对是人与自然和谐相处的天合之作，为何和怎样保护、传承与利用也就是个既复杂又简单的问题了。

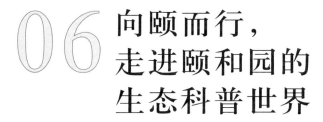

06 向颐而行，走进颐和园的生态科普世界

杜 娟

引言

颐和园作为中国皇家园林的璀璨瑰宝，不仅拥有丰富的自然资源和颇具匠心的人文景观，更是一个无比生动、丰富多彩的生态课堂。

一、颐和园的生态之美

昆明湖碧波浩渺，倒映着蓝天白云、亭台楼阁，构成一幅灵动的山水画卷。四季变换中，颐和园内春花绽放，夏叶繁茂，秋果累累，冬雪皑皑。从古老的松柏到娇艳的花卉，从灵动的飞鸟到悠游的鱼儿，每一个生命都在这片土地上演绎着自然的传奇。

从植物资源来看，颐和园内共有 443 种植物，其中包括 20 万株树木。这些植物种类繁多，群落结构复杂，分布广泛，包括山地、庭院、湖泊等多种地形，物种多样性丰富，为各种生物提供了良好的栖息环境，形成了丰富的植物景观。颐和园还是北京市保存古树最多的公园之一，拥有 1600 余株古树，这些古树不仅是园林景观的重要组成部分，也是古都历史文化的重要载体。

在动物资源方面，颐和园的湖泊和植被为多种鸟类和小型哺乳动物提供了栖息和觅食的环境。常见的鸟类包括白鹭、天鹅、绿头鸭、凤头鸊鷉等，它们游弋在湖面上的身影构成了一幅幅生动的画面。

在水体资源方面，颐和园占地面积 300.9 公顷，其中水域面积占据了 3/4，清澈的湖水不仅为园内动植物的生存提供了保障，同时还改善了园内的气候条件。

园内绿地资源丰富，面积广阔，达到 61.59 公顷，绿化率高达 73.42%。绿地的存在不仅净化了空气，降低了噪声，还为广大游客创造了一个亲近自然、放松身心的理想游览空间，极大地提升了游客的游览体验。

二、颐和园的生态科普工作

正是因为颐和园有这样得天独厚的全方位的资源优势，我们一定要将资源运用好、优势发挥好，通过科普的模式，让更多的游客参与进来，更加深入地学习和了解颐和园。

（一）打造向"颐"而行科普品牌

向"颐"而行科普品牌，历经颐和园科普工作者们多年的深耕细作和不懈探索，逐渐形成了一套独具特色且深受社会各界认可的科普活动体系，凝练为三大系列活动："生态颐和""文博颐和"与"人文颐和"，每一系列都承载着品牌对于科普教育深度与广度的双重追求。

"文博颐和"系列，聚焦于颐和园古建、文物等历史文化要素，为了让沉睡的古建文物"活"起来，搭建起一座连接过去与未来的桥梁。

"人文颐和"系列，则注重于非物质文化遗产及人文精神的传承与弘扬。

"生态颐和"系列，是颐和园重点推进的系列。旨在引领公众走进自然，探索生态奥秘，通过丰富的实践活动，让参与者在亲近自然的同时，学习生态保护的科学知识，体验花园城市、绿色生活的美好。

这三大系列活动的持续开展与不断优化，使得向"颐"而行科普品牌不仅赢得了广泛的赞誉与认可，更成为推动科普教育创新、促进社会文化发展的一股不可忽视的力量，同时也为组建和培养科普团队搭建了平台。由各领域专家组成了导师团队，由具有中高级以上职称的专业技术人员组成了讲师团队，由科普讲解员们组成了生态科普的讲解团队。

为了使生态科普活动更具科学性、探究性、延续性，园方对每一次活动进行精心设计，从知识内涵、展示形式、受众体验感和获得感出发，确保每项活动涵盖6个环节：沉浸生态环境、聆听生态讲解、观察生态现象、探究生态奥秘、参与生态实践、记录生态结果。

（二）创新科普活动设计

为了不断培育更具特色的颐和园生态科普品牌形象，园方不断创新科普活动设计，努力挖掘受众参与科普的兴趣点，找准接地气的"打开方式"，用有趣的方式增加传播力。

（1）根据生态物候期特点做好应季生态科普宣传。春季，重点打造"颐"式科普品牌，推出'颐'

花珍木——繁华四月·植物花语、诗情画"颐"——古建与花卉的对话、春"颐"盎然等系列活动，带领公众认知摇蚊、认识瓢虫、辨识满园春色的多彩春花；夏季，设计为"荷"而来科普体验活动；秋季举办"颐和园赏秋植物科普展"，组织"绘异彩园林"活动；冬季带领亲子家庭认识"最美古树"。这些应季科普活动突出个性和重点，满足了在时令变化中公众对科普知识的需求，在科普活动的定名上、内容上也更具新时期特色。

（2）打造会飞的精灵、雨燕环志等以动物为主题的生态科普品牌科普活动。

（3）结合传统节日作好生态文化科普宣传。春节期间，颐和园举办"傲骨幽香"梅花、蜡梅文化展。年味科普体验活动也颇受好评，"妙手梅香"系列活动包含识梅、赏梅、咏梅、印制梅花包、创作印章红梅图、绘制梅花笔记、点梅妆、包梅花饺子、制作梅花形糕点、国画梅花绘画学习等。丰富的科普活动有力地提升了展览的文化附加值，让参与活动的亲子家庭既"动口"又"动手"，既有意义又有意思，让春节游园更有年味、更有文化韵味。

在既是二十四节气又是传统节日的清明节，组织公众参加清明主题诗词竞赛，学习柳枝扦插、蹴鞠DIY等科普活动，将逐渐远离现代都市生活的传统活动再次展现在公众面前，对文化知识进行科普化的传播和传承。

传统节日"七夕节"，开展"话耕织、绘五谷"科普体验活动；中秋佳节，配合"颐和秋韵"桂花文化展，开展"蟾宫折桂"主题科普课堂；重阳节，策划"锦绣繁花"古典插花展与重阳敬老活动。

（4）推进生态科普的智慧化传播。在融媒体发展的大趋势下，网络直播成为人们获取知识和了解文化的主要来源，颐和园积极推进线上科普、云赏科普，不断推进颐和园生态科普的智慧化传播。

2020年"五一"国际劳动节期间，颐和园与北

京青年报联手打造"五一云畅游·寻脉颐和园"直播活动，以"劳模＋专家"的讲解组合为主线，以"云畅游"颐和园为主题，精心设计"乐人""乐水""乐山"3 条线路，所有内容都是对颐和园各方面知识的科学普及，3 场直播总直播时长超过 5 个小时，总观看量超过 400 万次。

2021 年，"傲骨幽香"梅花、蜡梅展以线上直播形式为公众奉上春节文化大餐，邀请梅花专家许联瑛、陈瑞丹就梅花品种分类、梅花栽种特点、梅花文化在中国的广泛传播等知识进行科普线上宣传。

端午节，推出"颐和园里闯午关，解码端阳宝画玄机"直播，以园内珍藏古画内容为线索，以新颖的闯关形式策划云直播，带领观众在颐和园里寻觅北京端午习俗。

（5）不断拓宽新媒体传播载体和途径，联合"颐和微科普"、"颐和园"官方微博、微信号"颐和园官方发布"、抖音、微视频等进行矩阵发布，提升科普知识普及率。

关注颐和微科普公众号，会看到首页生态导览，点击进入"生态科普 颐和寻踪"小程序。小程序分为 4 个板块：谐趣寄畅、颐花珍木、西堤漫步和自然笔记。

"谐趣寄畅"以位于颐和园东北侧的谐趣园内的科普内容为线索，进行闭环导览线路设计，分为植物、水系、装饰、建筑、楹联匾额 5 个板块，25 个点位，17 例物种内容，8 例园林建筑和历史文化内容，200 余处科普知识点。"颐花珍木"以颐和园古树名木、重点花卉的生态科普知识为脉络。"西堤漫步"则是引领大众共同探寻西堤一线的生态科普知识。2025 年，植物笔记板块将开发上线，用户可参与答题闯关。

（6）从 2014 年开始，颐和园科普团队以科普赛事为抓手，深挖科普内涵，培养优秀科普人才，通过参加全国科普讲解比赛、全国科学实验展演、科学达人秀等比赛展现颐和园科普社教的风采。例如，《花影婆娑，香韵悠长》荣获全国林业和草原科普讲解大赛一等奖，《金光穿洞有乾坤》荣获全国科学实验展演 等奖。

三、颐和园生态科普工作的意义

颐和园的科普工作还有很长的路要走，作为首都花园城市中的重要地标，颐和园开展生态科普活动具有如下多方面的重要意义。

（1）提升公众环保意识：通过生态科普教育，可以让游客了解生态系统的重要性，生物多样性保护以及环境保护的紧迫性，从而增强公众的环保意识和责任感。

（2）传承历史文化：颐和园拥有丰富的历史文化底蕴，开展生态科普可以结合园林文化、历史故事等元素，让游客在欣赏美景的同时，了解和传承中国传统文化。

（3）推动可持续发展：通过科普活动，向公众展示颐和园在生态保护和可持续发展方面的实践和成果，鼓励社会各界参与到生态文明建设中来。

（4）支持科研教育：颐和园的生态科普活动可以为科学研究提供实地教学场所，支持高校和研究机构的教学和科研工作。

（5）保护生物多样性：颐和园内有着丰富的动植物资源，通过科普活动可以宣传生物多样性的重要性，促进生物多样性的保护工作。

（6）促进科学普及：生态科普活动可以帮助公众了解植物学、动物学、生态学等方面的自然科学知识，提高全民的科学素养。针对青少年开展的生态科普活动，可以激发他们对自然科学的兴趣，培养未来科学家和环保工作者。

（7）增进国内外交流：作为世界文化遗产，颐和园吸引了众多国内外游客。通过生态科普，可以展示中国在生态保护方面的努力和成就，增进国内外的生态文化交流。

四、结语

希望本文能让读者多角度认识、了解颐和园的生态之美。同时，期待有更多的各个领域的专家、学者，通过专业的视角和深入的研究为颐和园生态保护提供有益的参考和借鉴，期待有更多生态科普的爱好者、志愿者们加入颐和园生态科普传播的队伍中。各方携手并肩，共同走进颐和园的生态科普世界，共赏自然与文化交织的花园城市之美，为颐和园的生态建设贡献智慧和力量，让中国古典皇家园林在现代城市发展中持续焕发迷人光彩。

07 守正创新 活态传承，打造世界文化遗产保护利用典范

荣 华

引言

颐和园历史特点鲜明，园林景观独特，文物数量可观，代表了中国皇家园林造园的最高艺术成就，是先人留下的珍贵文化瑰宝，在历史和当代均承担着重要的文化传播功能。近年来，颐和园深入贯彻落实习近平总书记关于文物工作的重要论述和对北京重要讲话精神，秉行"保护第一、加强管理、挖掘价值、有效利用、让文物活起来"的新时代文物工作方针。同时作为遗产保护者，我们要深刻认识到颐和园的四大价值：历史价值、文化价值、艺术价值、园林价值，并且要"发扬、发展、传承好"，在历史文物合理利用方面拓展纵深、提高效能，采用主题展览、原状展陈、文创餐饮等多种形式并存的方式，融入历史文物、回归社会生活、服务人民群众，让文物保护与利用达成和谐，让颐和园这座古老的皇家园林永葆青春活力。

一、持续推出品牌展览，促进文化交流融合

颐和园一直积极探索主题展览、原状展陈、影音视频、文化书籍、戏曲演出等多种形式并存的方式，让历史说话。近年来，颐和园推出"园说"系列展览，加强文物资源共享，颐和园文物赴国内外展出，

引进国内外文博展览，筹划专题展览，与京津冀区域发展和国际行业协同发展结合，几次走出去的尝试让我们看到文化传承和传播的可能性。

"园说"是北京市公园管理中心贯彻落实习近平总书记"让文物活起来"指示精神而精心打造的园林文物类展览品牌，以传承弘扬优秀园林文化、服务人民美好生活为目标。2019—2024 年，"园说"系列展览已推出 6 期，分别为："园说——北京古典名园文物展""园说Ⅱ——颐和园建园 270 周年文物特展""园说Ⅲ——文物中的福寿文化与艺术特展""园说Ⅳ——这片山水这片园""园说Ⅴ——南北名园 和合竞秀""园说Ⅵ——木器风华 美成在久"。在策划展览的过程中，从园林中各个微观的视角入手，深入挖掘园林中蕴含的不同文化主题，不断优化展览的内容与形式设计，持续提升"园说"品牌的美誉度，让"以文物诉说园林、以园林阐释中华优秀传统文化"的初衷深入人心，以更好地传承、弘扬优秀的园林文化，让公众了解园林、走近园林、热爱园林。

未来，颐和园将充分发挥自身独特的文化资源优势，系统梳理园史、文物、建筑等文化资源，深入挖掘和阐释其价值，综合利用多种手段，盘活文物资源，促进开放共享，灵活运用博物馆展示、数字化展示等手段，全方位开放展示和宣传颐和园各类历史文化，提升颐和园品牌影响力，形成对外交往的国家文化名片。

二、文物活化利用赋能研究院高速发展

近年来，颐和园着力打造学术名人"颐和讲堂"，助推颐和文化传播。2024年，颐和园打造集实验室、工作室、展厅、会议、接待于一体的颐和园研究院，铸造一流的学术交流平台，发扬颐和园在园林文化、园林历史、园林古建、园林文物等领域的优势，通过研究将资源和技术整合。定期组织召开国际研讨会、学术研讨会、大师讲坛等专题研讨会，与越南升龙皇城、法国香波堡开展国际合作，促进文化交流、文明互鉴。

颐和园养云轩活化利用项目秉承文化遗产保护传承理念，坚持规划引领，加强顶层设计，在2023年完成建筑本体及院落系统保护修缮的基础上，早谋划、早设计，提前开展活化利用研讨、方案设计及论证工作。以颐和园文化遗产活化利用为目标，结合现有文化遗产重新规划，结合考虑颐和园研究院功能需求的多样性及养云轩优越的基础条件，对养云轩进行活化利用，确立了其作为颐和园研究院的功能。

根据颐和园研究院具体需求及养云轩房间布局，将学术研究、人才培养、学术出版、对外交流等主要功能规划进养云轩8个房间，设置文化展览创意空间、展示签约空间、技艺交流制作空间、文化交流培训空间、园林生态工作室、古建工作室、古树展示室、集合工作室。同时充分发挥四合院院落空间优势，在院内设置盆栽、古树检测成果、皇家养护技艺等室外展示区。

养云轩活化利用，将助力颐和园研究院"一办四中心一委"的机构建制建设，为学术研究、人才培养、交流宣传提供充足的空间保障。研究院下设的古典园林植物与景观研究中心、园林古建与遗产监测研究中心、园林文物研究中心、园林文化与信息传播研究中心，将采用日常研究＋项目管理的方式，通过课题研究及项目推进，为园内外、国内外相关领域的专家学者搭建开放的平台。同时吸纳颐和园相关领域的各类专业领军人才，参与科研课题项目，加强"四中心"的颐和园自有人才培养，从而锻造一批从事颐和园研究的各领域专家，进而形成一支覆盖颐和园全领域工作的优秀人才队伍。

三、秉持研究性保护理念，开展文物修缮

修缮工程涉及面广、专业性强、标准度高，颐和园通过多专业人员协调配合，进行历史营造文化梳理、传统式样工艺研究、传统材料采集分析等多学科综合研究，开展课题研究、图书出版、模型及专题片制作等工作。同时，采用现代科学技术与手段，将对建筑病害现状的科学检测全面贯彻在整个工程中，经过缜密的现场调研、勘测和广泛的比较，以充分的现场调研和系统的病害机理分析为基础，理清建筑现存问题，以现场实验结果为依据，有针对性地提出相应的修缮保护方案并予以实施。

近年来，颐和园相继出版排云殿—佛香阁、德和园、谐趣园、清晏舫、园墙、画中游、须弥灵境、长廊彩画等工程实录，开展营造技艺相关课题10余项。通过这些科研工作的开展，探讨实践承载价值的建筑本体保护与展示体系，总结园林建筑的保护与展示工作指南，为清代皇家园林建筑保护、展示提供参考，在文物建筑工程中开展信息采集、管理、研究与成果展示的规范化之路上作出有益贡献。

颐和园努力深耕细作，在文化遗产传承与保护利用中不断摸索与完善，逐步形成自己独特的文化品牌。未来，颐和园将进一步优化不可移动文物及可移动文物的组织架构，开展文物精细化管理。以文物整体保护与利用为引导，借力两个文化带和三山五园文物保护利用示范区建设，以价值展现为目标，注重皇

家园林与游览体验的有机结合，按照"二区三线多组团"的发展目标，构建多主题展示体系。

"二区"指结合三山五园区块对接颐和园东宫门、西宫门，逐步推动被占用的文物与历史建筑的腾退和功能疏解，恢复颐和园传统门区形制与历史风貌，并创造条件向公众开放展示。"东宫门"恢复从涵虚牌楼至广场经月牙河、南北石桥至影壁再到东宫门的历史空间格局，完善三山五园整体布局。"西宫门"恢复历史规制和出入功能，使其成为海淀区青龙古镇游线中的重要景观节点，净化玉泉山眺望颐和园的景观视觉通道。

"三线"一是长廊沿线创新文化线路，推进各类文物建筑向社会开放，逐步修缮长廊北侧的养云轩、无尽意轩、清华轩、介寿堂、听鹂馆5个院落，打造颐和园研究院、数字化展示空间、文物修复展示空间、原状展陈及文化展览展示空间、老字号宫廷饭庄。以各院落历史格局为基础织补特色文化节点，打造颐和园精品文化空间，强化文化展示、交流和体验功能，形成一院一品牌、一院一创意。二是西堤生态景观线路，修缮景明楼及西堤驳岸，配合园林景观提升，开展植物梳理、地被丰富、芦苇梳减、特色花境营造，优化西堤生态环境，打造最美西堤。三是苏州街皇家宫市线路，再现苏州街写仿江南水乡的一水两街皇家宫市。基于保护与传承、创新与发展、文化与商业相结合的原则，运用新科技、新思路、新手段创新物质与非遗文化保护利用的思路，引进非遗、老字号、业内知名品牌，定向开发具有苏州街风貌特色的文化体验型产品，实现文化展示与商业经营的互动互利，打造沉浸式、情景式文化商业主题博览街区。

"多组团"指深入挖掘皇家园林红色文化内涵与特点，系统梳理景福阁—益寿堂—乐农轩区域的红色文化资源，大力开展红色建筑区域的修缮、保护、利用工作，精心打造景福阁红色体验区、益寿堂红色展览区、乐农轩红色教学区组成的红色文化展示地。将皇家园林文化与红色文化融为一体，相互结合，相互促进，广泛传播，推进红色文化的融合发展。

通过全方位展示颐和园各类历史文化，营造浓郁的整体文化氛围，将文物的内涵价值和空间特质嵌入社会生活，使文物保护与民生改善相融合，实现文物的活态保护和有机利用。让颐和园成为彰显"首都风范、古都风韵、时代风貌"的典范，成为具有国际影响力的公园行业典范、世界文化遗产地和世界名园，实现遗产传承、保护、管理、利用的可持续发展。

08 《香山路程图》中的古树名木考证及现状调研

赵晓燕　艾春晓　林轩露

引言

《香山路程图》是清末宫廷绘画机构如意馆专门为光绪皇帝、慈禧太后出行御览绘制的内府彩绘线装本舆图"游览图"。它详细记录和描绘了帝后从北海团城至香山静宜园途经四十二余里路途中依次经过的重要景点，包括寺庙、行宫、祠堂、御苑等，并描绘沿途园林、御路、桥梁、街道、城门、农田、村庄、树木、碉楼、河流、闸口等景观内容，并以"贴黄"的形式准确标注图中各建筑的名称及不同路段的里程数，蕴含着丰富的清末北京城市、人文、地理等信息。其整幅画面连绵不断，设色丰富，绘制精美、写实，具有较高的历史、文献与学术价值，是一件难得的宫廷艺术品，也是记录三山五园地区历史面貌的珍贵史料。本文以古树名木为关注点，由于清代宫廷画师对树木画法的局限性，我们只能从画作中可以识别出来松、柏、旱柳、绦柳等，大多数阔叶树没有详细的区分，仅仅是示意性的点缀；但是画师也对重要地点的古树名木进行了非常写实的描绘。因此课题组重点对画中北海团城、广济寺、历代帝王庙、妙应白塔寺、万寿寺、延庆寺、颐和园、香山静宜园等主要皇家园林和寺观进行实地考察，对画中的古树名木与现状进行对比分析，再结合文献资料的查阅，尽可能科学准确地判断画中的树木栽植情况，为后续研究、科普利用奠定基础。

一、《香山路程图》古树名木考证

以《圆明园四十景图》《崇庆皇太后六十岁万寿庆典图》等宫廷绘画作品的植物考证工作为基础，比对《香山路程图》中所绘古树名木，结果如表1所示。

表1　《香山路程图》中主要古树名木种类

序号	植物名	学名	科属	《香山路程图》中式样
1	白皮松	*Pinus bungeana*	松科松属	
2	侧柏	*Platycladus orientalis*	柏科侧柏属	
3	圆柏	*Juniperus chinensis*	柏科刺柏属	
4	槐	*Styphnolobium japonicum*	豆科槐属	
5	桑	*Morus alba*	桑科桑属	
6	绦柳	*Salix matsudana* 'Pendula'	杨柳科柳属	
7	旱柳	*Salix matsudana*	杨柳科柳属	
8	油松	*Pinus tabuliformis*	松科松属	

二、实地调研《香山路程图》古树现状

通过现场调查、文献查阅等方法对《香山路程图》描绘的重要节点北海团城、广济寺、历代帝王庙、妙应白塔寺、颐和园东宫门、香山东宫门内外的古树现状进行踏勘（表 2）。

（一）北海团城

北海团城是镶嵌在古典皇家园林北海和中南海之间的一颗绿色明珠，上面种满了郁郁葱葱的古松古柏。北海及团城的古树历史悠久，自金大定十九年（1179 年）北海建成为皇家御苑后，苑内就已栽植大量树木以点缀园景。据元代《辍耕录》和明代人韩雍所著的《赐游西苑记》中记载，琼华岛和团城上很多古树名木已有 800 多年的树龄。其中最著名的有 3 株古松，其中 2 株油松，1 株白皮松，清乾隆皇帝分别给予封号。据统计，团城可游览区域内，古树共计 34 株，树龄百年的二级古树 18 株，树龄 300 年以上的一级古树 16 株，其中就包括著名的"遮阴侯"和"白袍将军"。

从《香山路程图》的第 1 页可以清晰地看到"白袍将军"和"探海侯"，图最右侧可以看到"遮阴侯"

的一小角。笔者在实地调研时看到的这 3 株古树名木的位置与图中所绘略有出入，但树形非常相似，可见乾隆皇帝御封的古树名木非常受重视，尽管实际很难在一个视角全部被看到，也要绘制到同一个画面中来。"白袍将军"的树姿与实际树姿非常相似，又略作艺术加工，在画面靠上居中的位置显得更加高大挺拔。画面左侧的"探海侯"枝条向下向外延伸，朝向太液池的碧波，查阅"探海侯"的相关资料，发现该树已于 20 世纪 70 年代末死亡，1988 年在原位置偏北的地方补植 1 株探水树姿的新油松，而恢复原貌尚需时日（图 1~图 6）。

清乾隆帝曾专门为团城的白皮松做《古栝行》一诗：

表 2　　　　　　　　　《香山路程图》重要途经点古树名木现状

序号	植物名	学名	科属	位置
1	白皮松	*Pinus bungeana*	松科松属	北海团城、颐和园
2	油松	*Pinus tabuliformis*	松科松属	北海团城、颐和园、香山
3	侧柏	*Platycladus orientalis*	柏科侧柏属	北海团城、妙应白塔寺、颐和园、香山
4	圆柏	*Juniperus chinensis*	柏科刺柏属	北海团城、妙应白塔寺、颐和园、香山
5	旱柳	*Salix matsudana*	杨柳科柳属	北海团城
6	国槐	*Styphnolobium japonicum*	豆科槐属	广济寺、历代帝王庙、紫竹院、万寿寺、延庆寺、香山
7	楸树	*Catalpa bungei*	紫葳科梓属	妙应白塔寺
8	银杏	*Ginkgo biloba*	银杏科银杏属	紫竹院
9	七叶树	*Aesculus chinensis*	无患子科七叶树属	紫竹院

图 1 《香山路程图》中所绘北海团城

图 2 现场调研拍到的北海团城

图 3 《香山路程图》中所绘的"探海侯"

图 4 喜仁龙 1922 年拍摄的"探海侯"

图 5 北海团城"白袍将军"现状

图 6 "探海侯"原位置偏北新补植的油松

五针为松三针栝，名虽稍异皆其俦，牙槎数株倚睥睨，岁古不识何人栽。

夭矫落落吟万籁，盘拏郁郁排千钗，徒闻金元饰栋宇，两人并坐传齐谐。

瓮城久闭殿阁寂，绮櫺落色风筝摧，珊瑚反挂珠帘断，乔柯雪夜鸟鸣哀。

嗟嗟偃蹇凌云姿，难辞根干缠蒿莱，往来或有寻题者，吊古感慨多徘徊。

琼华遗迹惜就圮，况近紫禁城西隈，爰葺爰筑命匠人，事殊经始攻灵台。

时向重基驻行跸，金鳌蜿蜒空明皆，盘桓嘉？抚寿客，真堪弟视竹与梅。

春朝绿云参天青，秋夕碧月流阴皑，灵和之柳非伦比，沧桑阅尽依然佳。

沧桑阅尽依然佳，呜呼，种树之人安在哉！

诗开篇第一句"五针为松三针栝"，而白皮松的针叶为三针一束，俗称"栝子松"，可见这应该就是专门为"白袍将军"作的御制诗。

（二）广济寺

广济寺创建于金代，初名为"西刘村寺"，元代时改称"报恩洪济寺"，住持为万松行秀禅师，寺旁现有万松老人塔存世。万松行秀禅师在该寺从容庵中，撰写了著名的《从容录》等20余部巨著，行化于世。元朝末年，广济寺毁于战火。明景泰年间（1450—1457年），有人掘地得陶制佛像、供瓷、石龟及石柱顶等物，才知道这是古刹遗址。明天顺（1457—1464年）初年，山西普慧上人偕弟子圆洪等人云游到此，发愿复兴古刹。以工程艰巨，深感成功不易。当时掌管皇帝冠服的尚衣监廖屏有建寺奉佛之愿，知道后非常高兴，在他的大力支持下，仅两年时间一座庄严佛刹在此处建成。廖屏又将此事上奏明宪宗皇帝，请赐寺名，明宪宗于明成化二年（1466年）下诏将其命名为"弘慈广济寺"。清代广济寺名声愈振，清顺治、康熙、乾隆等皇帝御驾到广济寺，留下诸多诗文轶事，末代皇帝溥仪亦曾到广济寺。《香山路程图》中所绘广济寺山门外有两株树木，很难判断是何树种，在实地调研中，我们看到广济寺山门西侧现有1株古国槐，该古树树号为110102B00890，仔细比对，其树姿与画中树姿非常相似（图7、图8）。

（三）历代帝王庙

历代帝王庙，也称"帝王庙"，是明清时期祭祀中华炎黄祖先和历代帝王、功臣、名将的皇家庙宇。历代帝王庙位于北京市西城区阜成门内大街131号，原址为保安寺，嘉靖九年（1530年）改建，清雍正七年（1729年）重修。其占地面积22000平方米，建筑面积约4000平方米。历代帝王庙，坐北朝南，规模宏大，寺内建筑布局分为中东西三路，中轴线自南向北依次为琉璃影壁、木牌楼（已拆）、大门、钟楼、景德门、景德崇圣殿等建筑，两侧建有配殿。景德崇圣殿是历代帝王庙的主体建筑，其规

图 7 《香山路程图》中所绘广济寺

图 8 现广济寺山门外的古槐

格仅次于故宫太和殿，殿内原有十一龛供历代帝王牌位；月台两侧各有碑亭1座，大殿两侧的两座碑亭内立有清雍正、乾隆皇帝御制碑各1座。东路建筑为神厨、神库、宰牲亭、井亭等。西路建筑主要

为承祭官置斋所配房。历代帝王庙是中国现存的唯一一座专门祭祀历代帝王的庙宇，其不仅反映了中华民族悠久的历史，而且也体现了中国统一的多民族国家一脉相承的历史特点。

在《香山路程图》上可以很清晰地看到历代帝王庙，包括山门、正殿和东西两侧的附属建筑，以及门前的影壁、牌楼、下马碑和石桥，甚至可以看到御道在这里改道绕行影壁外。档案记载，清雍正帝曾5次亲祭历代帝王庙，雍正二年（1724年）首次亲祭后，即命礼部，今后亲祭时，"卤簿大驾俱由庙前映壁外形"，亦是尊崇之意。在图中，历代帝王庙山门东、西两侧红墙内均种植有阔叶树，但无法分辨是何树种。在实际考察中，在东侧红墙内随墙门旁边

有1株古国槐，与图中位置完全一致，由此可确定画中为国槐。图中与之对称的西侧墙内也画有大致一样的阔叶树，但现已无存。东侧红墙内的这株古槐是庙内现存的唯一1株一级古树，树龄约380年，树高12米，胸/地围120厘米，平均冠幅12米，编号为110102A00892（图9~图12）。

（四）妙应白塔寺

妙应白塔寺即"敕赐妙应禅林"，位于北京市西城区阜成门内大街171号，始建于元世祖至元九年（1272年），初名为"大圣寿万安寺"，明英宗天顺元年（1457年）重建后，改名为"妙应寺"。因寺内建

图9 《香山路程图》中所绘历代帝王庙

图11 历代帝王庙东侧墙内的古国槐

图10 历代帝王庙现状

图12 历代帝王庙东侧墙内的古国槐树牌

有高达 51 米的元朝白塔 1 座，是为中国现存年代最早、规模最大的喇嘛塔，故俗称"白塔寺"。在《香山路程图》中可以看到白塔周围环绕栽植大量阔叶树，跟其他寺庙周围树木的画法基本一致。查阅西城区官方微信公众号可知，该寺遗存古树 9 株，集中分布于白塔周边，其中包括古柏 8 株，古楸 1 株，均为二级古树。在实地调研中，发现白塔寺外围栽植国

图 13 《香山路程图》中所绘白塔寺

图 14 现白塔寺周边国槐

图 15 《香山路程图》中所绘紫竹院

槐较多，靠近白塔周边则是古柏和古楸，与画不符（图 13、图 14）。

（五）紫竹院

紫竹院行宫是区级文物保护单位，始建于明代，原为明代万寿寺下院，于清乾隆年间建成行宫。据清光绪十一年（1885 年）重修紫竹院碑记载："古刹紫竹院者，万寿寺之下院也。"乾隆皇帝为孝敬其母后钮钴禄氏，在庙中供奉观音大士像一尊，并仿江南苏州城外的水乡修建"芦花渡"，并把原广源闸河港南山坡上的明代庙宇修葺一新，赐名"紫竹禅院"，并在西侧修建 1 座行宫，作为他陪同母后去万寿寺和游逛苏州街的驻跸之所。光绪十一年重修紫竹院碑记的碑原卧放于紫竹院大湖北岸闸口处，1973 年修桥用石时将此碑砸碎。碑文记载了臣民通过重建福荫道院以表对皇太后慈禧及皇上光绪帝的崇拜之情。到光绪二十年（1894 年），慈禧准备 60 诞辰时在万寿寺拈香礼佛，祈祷长寿。

《香山路程图》中所绘紫竹院，树木种植以松树为主，经实地调查，此处现存古树有国槐、银杏、七叶树，与图不符。建议在后续园林绿化补植工作中，补植油松等常绿树，恢复历史景观意境（图 15~图 18）。

图 16 紫竹院行宫现状

图 17 紫竹院行宫内的古七叶树

图 18 紫竹院行宫内的古银杏

（六）万寿寺、延庆寺

万寿寺位于长河岸边的广源闸旁，是清代重要的皇家寺庙。明万历五年（1577年）年三月始建，次年六月竣工，赐名"护国万寿寺"。清代多次重建和修缮，晚清帝后往来于颐和园与紫禁城之间在广源闸换船时，都要在万寿寺拈香礼佛，略作休憩。延庆寺始建于清乾隆三十一年（1766年），帝后到万寿寺拈香礼佛时，延庆寺是随行官员和服侍人员用膳、小憩之地。据《北京寺庙历史资料》记载："延庆寺，坐落西郊三分署万寿寺街19号，建于清乾隆三十一年，

属私庙。本庙面积二十二亩零八分，房屋六十一间，附属茔地二十六亩，田地三十五亩，土房五间，管理及使用状况为住持管理。除佛殿外，分禅舍及租户居住。庙内法物有释迦佛一尊，阿难迦叶二尊，罗汉十八尊，均泥塑。大铜磬一口，铁五供两堂，三经一部，石碑三座。另有银杏、槐、楸、柏等树木十七株。茔地柏树六十二株，槐树四株，马尾松九株，榆树四株，杨树两株。"

在实地考察中发现，万寿寺山门内外均有不少古国槐留存至今，生长健壮，与《香山路程图》所绘基本吻合。而延庆寺仅剩下山门口1棵古国槐，其天王殿、大雄宝殿及配殿等都已改为民居，破损严重，山门上的匾额写着"敕建延庆禅寺"（图19~图22）。

（七）颐和园

颐和园，原名"清漪园"，始建于1750年，是中国乃至世界园林史上最优秀的杰作之一，它集中

图 19 《香山路程图》中所绘万寿寺、延庆寺

图 20 万寿寺、延庆寺现状

图 21 万寿寺门口古国槐现状

图 22 延庆寺门口古国槐现状

国传统造园艺术之大成，萃南、北古典园林之精华，赋予真山真水以文思匠心，实现了自然神韵和人文情趣的完美统一。颐和园是清朝晚期皇家除紫禁城外最重要的政治和外交活动中心。从建园时起，象征"长寿永固"的油松、白皮松、桧柏、侧柏等常绿树种就得到了广泛应用。颐和园现存古树资源丰富，有油松、白皮松、桧柏、侧柏、楸树、玉兰、桑树、国槐、木香等 9 个树种，共计 1607 株，其中一级古树 97 株、二级古树 1510 株，集中分布在万寿山的前、后山及长廊沿线，后湖两岸及南湖岛也有古树群落分布。

《香山路程图》中，颐和园东宫门内成排种植松树，但实地考察中发现虽然古树栽植方式均为列植，但实际的古树树种为侧柏与圆柏（图 23）。

图中颐和园后溪河北岸，起伏的土丘上松树林立，现仍然保留大量古油松，成为后溪河各种春花、秋色树种的浓绿背景（图 24）。

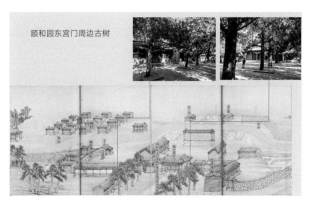

图 23 《香山路程图》中所绘颐和园东宫门内列植的松树
与现状列植的柏树

图 24 在《香山路程图》中所绘颐和园后溪河北岸油松林立
与现状油松群对比

（八）香山静宜园

香山公园始建于金大定二十六年（1186 年），距今已有近 900 年的历史。早在元、明、清时，皇家就在香山营建离宫别院，每逢夏秋时节皇帝都要到此狩猎纳凉。香山寺曾为京西寺庙之冠。清乾隆十年（1745 年）在香山大兴土木建成名噪京城的二十八景，乾隆皇帝给御苑赐名"静宜园"。京西著名的"三山五园"中，香山公园就占其中的一山（香山）一园（静宜园）。清咸丰十年（1860 年）和清光绪二十六年（1900 年）静宜园先后被英法联军、八国联军焚毁，1956 年辟为人民公园。香山公园古树名木众多，现存古树 5800 余株，主要树种有油松、白皮松、桧柏、侧柏、银杏、国槐等 13 种。在图中可以看到香山东宫门外广场上遍植松树，现状考察此处确实保留了不少古油松（图 25）。在图上可以看到勤政殿周围有大量古松，现状考察中发现现场松树大多为白皮松，还可以看到瀑布泉（图 26）。

香山东宫门外石桥东北侧，现有多株古槐，位置与图中所绘十分相近，有可能是当年守备衙门院内外的槐树。东宫门外买卖街东西各有 1 个牌楼，其额分别为芝廛 / 烟壑、云衢 / 兰坂。买卖街的东起点是南北各两座城关，一曰松扉，一曰萝幄。这些额上的文字，成为对静宜园山居环境及人文景观最好的诠释（图 27）。

图25 在《香山路程图》中所绘香山静宜园东宫门周边树木
与现状对比

图26 《香山路程图》中所绘香山静宜园东宫门周边树木
与现状对比

图27 《香山路程图》中所绘香山静宜园东宫门外买卖街古树
与现状古树对比

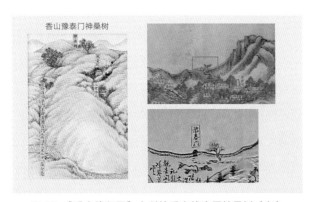

图28 《香山路程图》中所绘香山静宜园神桑树（左）、
清代宫廷绘画所绘神桑树（右）

在《香山路程图》的最后一页上方，绘有1株主干分叉的阔叶树，贴签为"神桑树"，这是《香山路程图》中唯一明确命名的植物，但现场踏勘时在该区域并未发现古桑树。从不同时期的清代宫廷绘画中，可以看到这是位于裕泰门附近的桑树，树木姿态和分枝都很类似，可见这是一株非常重要的古树（图28）。

三、结语

经文献查阅、实地调查后发现如下。

（1）从树木种类上，《香山路程图》中可识别植物种类7种，而现场调查古树9种，部分点位的植物与图中所绘不一致，分析可能与植物自然死亡或宫廷画师艺术加工有关。当时画师对树木种类画法比较单一，比如油松、白皮松基本是类似的画法，甚至松树与柏树不太区分得开，国槐、桑树、楸树等阔叶树种的画法基本一致。利用现存古树可以验证画中的古树树种，但如今现状建筑和古树均无存，想判断图中所绘古树树种相对比较困难，仅能从古籍记载中找到一鳞半爪的线索。

（2）在植物种类的选择上，《香山路程图》中沿用了皇家园林的植物造景思想，如种植松柏以寓意江山永固等；水路沿岸的植物选择则注重植物生物习性而多选择旱柳、绦柳，注重营造如江南水乡一般的景象；寺观的房前屋后种植槐树比较常见。

（3）《香山路程图》主要描绘了一幅皇家游览路径图，对沿途植物并未过分细致刻画，尽管对植物的描绘不够精细，但仍然为研究三山五园的历史风貌、植物景观营造与植物文化提供了有力依据。

09 水上漂来的颐和园

——颐和园与大运河

杨 华

引言

在介绍颐和园时，常会说颐和园是中国现存规模最大、保存最完整的皇家园林，它的前身是清漪园，始建于清乾隆十五年（1750年），照此计算，颐和园建园距今已经有270多年的历史了。

实际上，颐和园有一段长达700多年的历史，跨越辽、金、元、明、清朝的漫长岁月，与水相连、与水结缘。

一、水上漂来的城市

有一种说法，说北京城是"水上漂来的城市"。

如果是第一次听说，可能会感觉很奇怪：北京城是一砖一瓦建设而成，怎么会有"漂来"一说？这个就要说到运河对北京城发展作出的贡献。

中国大运河包括了3个部分：京杭大运河、隋唐大运河、浙东运河，跨越北京、天津、河北、山东、河南、安徽、江苏、浙江8个省（市），连通海河、黄河、淮河、长江和钱塘江五大水系，开凿至今已有2500多年的历史，全长近3200公里，是目前世界上距离最长、规模最大的人工运河。其中京杭大运河、隋唐大运河与北京有着直接的关系，北京都是其重要节点。

特别是京杭大运河，对于颐和园的形成更是起到

了重要作用。从元代大运河通航开始，这条连接北京与江南腹地的水上通道就承担着将南方的资源向都城输送的任务——漕运。农林物产、日用百货、建筑材料纷纷沿着运河北上进京，而北京城也通过这些顺河"漂"来的物资得以拔地而起。

明初，北京再度成为一国之都。一座新的首都，就意味着众多的宫殿、坛庙、园林建筑、服务设施即将启动建设。其中，木材和砖必不可少。为了满足营造的需要，楠木和杉木由于其质地紧密、坚固耐用，是必不可少的木材，但是盛产于湖广、四川、贵州等地的楠木和杉木，由于体型巨大难于运输。因此采办木材的官员们往往会等到雨季来临，再让伐木工人将木材伐好，然后编成木筏，利用山洪或者人力将木筏推入溪流之中，这些木筏顺流而下，进入长江，之后再由长江进入运河北上。

除了木材，都城建筑必备的砖也有着很高的要求，如营建皇家建筑常用的砖——山东临清贡砖，以及用来铺地面的砖——江苏御窑金砖。山东临清是运河会通河段的北端点，而江苏更是运河流经的主要地区，这两种砖材通过船运，经运河就进入了北京城。当木材砖料到达明清运河的终点——通州后，就会被转存入码头附近不同的仓库备用，这些仓库多名为"厂"，久而久之，这些"厂"周围还出现了村落，如通州区的皇木厂村和砖厂村。明清两代，京城取用的建材大多是按照这样的方式输入京城。

当然，还有其他，比如主理清代 200 多年间皇家建筑设计的"样式雷"家族，成为北京菜招牌的北京烤鸭等等沿着运河"漂"来。大运河沟通南北，让南边的丰富的物产、优秀的工匠"漂"向北方，由此漂来了砖木，漂来了佳肴，漂来了一座座村庄，为流经之地漂来了繁荣，更漂来了一座建筑宏伟、兼收并蓄的北京城。

二、颐和园与运河的历史脉络

如今的颐和园从辽金开始，就经历了历朝历代的洗礼。自辽代将北京作为都城进行建设，与国家发展息息相关的供水问题就马上提到了日程，为保障都城用水和水上运输修建一座水库势在必行。

辽金时期开始修建大运河时，就看中了玉泉山水和翁山诸泉汇成的瓮山泊，为了给北京城和运河供水而修建了一座水库，就是如今的昆明湖。后来，元代著名的水利学家、天文学家、数学家郭守敬充分发挥他的才能，进行了大刀阔斧的水利工程改造，扩大了昆明湖的前身——瓮山泊的整体面积和储水量；将白浮泉注入了瓮山泊，成为当时北京运河体系中的蓄水湖，也让当时湖中各类游船络绎不绝，周边苑囿名胜云集，为后面明清时期的皇家园林建设奠定了基础。

明朝以后，随着白浮泉引水工程的废止，昆明湖水量虽然有所减少，但玉泉山至海淀一带的皇家与贵族私人园林持续兴盛，西山周围和海淀、万泉等处湿地的水脉被纷纷引入各座宅园，渐渐改变和影响着这一带的水系格局。随着清朝政权的稳固和社会经济的复苏，从清康熙年间开始，新一轮的皇家园林修建热潮兴起。

颐和园区域的建设在清乾隆时期得到了质的飞越，当时开启了大规模的整治和保护玉泉山附近各处泉眼和水渠的工程，令昆明湖水源更加充足，周边环境与江南水乡越发相似。而这次治理给后代留下了

一座美轮美奂的皇家园林——清漪园，也就是现在的颐和园。清漪园建成后，整个三山五园才成为一个完整的皇家园林建筑群，居中于五园的清漪园成为该区域景观的构图核心。之后清漪园经历了英法联军的洗劫，后清政府对清漪园复建，于 1888 年将清漪园改名为"颐和园"。

新中国成立后，颐和园受到了国家高度重视和科学保护，名园重新焕发光彩。南水北调中线工程的终点设立在颐和园团城湖。2014 年 6 月 22 日，中国大运河在第 38 届世界遗产大会上获准列入世界遗产名录，成为我国第 46 个世界遗产项目。而在 1998 年成为世界文化遗产的颐和园与大运河关系密切，昆明湖更是世界文化遗产大运河的重要组成部分，自古至今依然发挥着其水利方面的重要作用，更在生态环境优化、文化保护与传承、为人民服务等各方面发挥积极作用。

三、昆明湖名字的变迁

昆明湖是位于北京西北部永定河冲积扇与南口山前冲积扇之间的一处低洼部位，周边水脉汇集加上地下水的溢出，最后形成了湖泊。昆明湖的名字随着朝代的变迁而不断变化，金、元时期被称作"瓮山泊"，明代则称为"西湖"，在清朝乾隆年间，得到了"昆明湖"的称号。这种名字的变化是历史发展的见证，更承载了古代人民的丰富想象力与美好希望。

金元两代，昆明湖之所以被称作"瓮山泊"，主要与其依靠瓮山有关。而瓮山的得名由来说法不一，有一种说法是因其山形似瓮而得名"瓮山"，还有另一种说法，即在《日下旧闻考》八十四卷中曾记载："瓮山，相传有老父凿石得石瓮，上有华虫雕刻文，中有物数十种，悉为老父携去，置瓮于山之西，留谶曰石瓮"，因此就把这座山叫作"瓮山"，山下的湖叫作"瓮山泊"。当然还有民间传说，比如身居神力的孩子勇斗精怪，化身山峰镇压，其中一座似瓮而得名

"瓮山"，一座有清泉流出而得名"玉泉山"。还有传说瓮山一带有座财神庙十分灵验，有穷人因此挖得装满金豆子的小瓮，而这个小瓮在山顶松树下挖出，此山因此称为"瓮山"（具体故事内容见《中国民间故事集成 北京卷》）。在古代，这类传说屡见不鲜，但与瓮山和瓮山泊有关的传说在民间流传众多，足以见得其在北京民众心中的地位。

到了明代，因为地处北京西郊，所以昆明湖被叫作"西湖"。明代的昆明湖中种植了大量的水生植物，再加上周边垂柳环植、水鸟出没、亭台寺院兴起，使得周围"宛如江南风景"，风光秀美、人气旺盛。明代武宗、神宗都曾在此泛舟赏景，百姓还会拉家带口来此踏春游玩，民间叫"耍西湖"，于是就有好事的文人雅客模仿杭州"西湖十景"，命名了于此处的北京的"西湖十景"。

清乾隆十五年（1750年），朝廷决定将原有的瓮山泊拓宽，并在此修建了清漪园，之后乾隆皇帝出于对汉武帝开疆拓土之功绩的仰慕，以汉武帝挖昆明池操练水军的典故，将西湖更名为昆明湖，将挖湖土方堆筑于湖北的瓮山，并将瓮山改名为万寿山。不过，在晚清时期，昆明湖西侧确实修建了水操学堂，慈禧太后曾在此观看水军操练。

四、南北文化得以交融

在700多年的发展当中，北京城因运河而兴盛，颐和园也是如此。通过运河，大量优质的建筑材料和物资运送过来，一座磅礴大气而精美绝伦的皇家园林颐和园也因此而诞生。而成就颐和园的，不只是这些优质的建筑材料，最关键的是其中文化的交融与互通，是古人从精神层面和物质层面对于美的不断追求，以及一代代各行各业设计师和匠人的工匠精神。

中华民族的文化是多元一体的文化，不同区域的文化有着各自鲜明的特色。但是通过运河，南北文化实现了包容和统一，区域文化的差异减少而呈现共同的文化特征，更通过运河，使区域内人才荟萃、文风昌盛。

文化的记载、传播与书是息息相关的。清代江浙地区不少富商是著名的藏书家，扬州盐商大部分都具有"贾而好儒""富而好礼"的文化传统。清代江浙地区有着一股大兴藏书、复刻古书的风气，比如中国古代最大的私人藏书阁——天一阁就位于浙江宁波。乾隆皇帝是一个非常精明的统治者，其让官员重点在江浙地区进行书籍的广泛征集，有强制征集的，有给予奖励鼓励献书的，还有利用书商去民间购买的，等等，真是布下了天罗地网，势必要将心仪的书籍一网打尽。通过运河，书籍收集和整理后运送回北京城，还因此成就了中国古代最大的文化工程——《四库全书》。

再说园林，当时中国名园有一个特点，就是大部分在南方。我们熟知的比如上海豫园、扬州个园、何园，苏州狮子林、拙政园、留园等等都是在南方。乾隆帝本人喜爱园林，在《日下旧闻考》中的《题词》中说道："余临御四十余年，凡京师坛庙、宫殿、城郭、河渠、苑囿、衙署，莫不修整。"可见他对苑囿修建也有着浓厚的兴趣，用于抒发自己的情怀和思想，所以他不仅自己六下江南，还屡屡派人下江南。地方官员、富商因为乾隆喜欢园林，为了投其所好也是大兴土木，就比如当年的扬州为了迎合乾隆帝的喜好，建了数不清的园子，结果虽然成就了扬州园林但也因耗资巨大且后期无太大的用途，造成大批工匠的闲置，也一时间民不聊生。

作为一个统治者，乾隆帝自然是一个十分理智的人，能够认识到这种毫无节制的建设带来的问题，在圆明园建成后（乾隆九年，1744年），乾隆帝在《圆明园后记》中曾经说过："后世子孙，必不舍此而重费民力以创建苑囿。"但是总的来说，建立一座江南园林是乾隆帝的梦想。

乾隆皇帝内在精神层面是非常丰富多彩的，也注定他会是一位了不起的艺术家、诗人和哲学家。乾隆皇帝六下江南，大运河是其南巡的主要路线，因此江南美景给这位清漪园的总设计师留下了相当美好的印象，就像乾隆御制诗中所描述的："吴越曾经风物探，每教位置学江南"。在清漪园中处处都能看到大运河沿岸的园林美景，不过这些都不是照搬，而是在乾隆皇帝亲自参与设计规划下，进行了大量因地制宜的写仿，最终完成了清漪园这座融合了南北文化特色与山水格局的皇家园林，可以说清漪园是中国古代建筑艺术和园林艺术发展的巅峰之作。

"上有天堂下有苏杭"，杭州西湖始终是人们所向往的胜地，连古代帝王也不例外。乾隆南巡杭州，十分重视西湖水利和农业的关系，所以前往了西湖，在饱览了西湖的湖山之秀后，也把它的精髓带回了清漪园。当年清漪园昆明湖在选址上就能感受到与杭州西湖相同的意境：西湖北面的孤山与一望无际的湖水交映成趣，在湖面布局上采用了传统的"一池三山"布局，而环湖而建的景观布局更是其精华所在。

颐和园在山水结构上，除了昆明湖，万寿山也是其主体之一，而其写仿的是镇江的金山寺。乾隆帝在1751年（乾隆十六年）初临金山，他在《恭奉皇太后驾临金山记》里写道："二月之望，舟过大江，顾瞻金山，上凌太虚，下瞰洪流，为江南诸胜之最。"可见弘历见到金山之壮美时在视觉上受到了冲击。万寿山借鉴了金山寺"山被寺裹""塔拔山高"的建筑艺术风格，以佛香阁为中心的庞大建筑群顺山势层层叠落布置，沿前山中央主轴线由山脚到山顶推进，直至全园的最高点，体现出皇家园林的雄伟气势和仙山琼阁的意境，使佛香阁建筑群成为清漪园的主景区，统领全园各个景点。

清帝南巡，沿着运河顺流而下，再将江南美景带回了京城，清漪园时期的惠山园（谐趣园）与万寿山的关系就和寄畅园与惠山的关系十分相似。"双河舟素慧溪湾，雅爱秦园林壑间。月镜光寒窗敛敛，云伸声落涧潺潺。清幽已擅昆陵境，规写曾教万寿山。一沼一亭皆曲肖，古柯终觉胜其间。"乾隆这首御制诗形象生动地描绘出寄畅园的山林野趣、清幽深邃，而这种意境在惠山园中得到了充分的展示。惠山园不仅借鉴了寄畅园对地形高差、山泉叠石的应用，还将水面形状由寄畅园的长方形改成了曲线形，增加了水面的层次感，更加流畅自然。两座园林，渊源一脉，立意相近，自成佳话。虽然后期两座园林都发生了不同程度的变化，不过依然能够看出它们的相似之处。

山塘街和阊门在明清时期同为苏州繁华的代表地，街道呈水陆并行、河街相邻，建筑精致典雅，游人络绎不绝。山塘街自古就有"姑苏第一名街"之称，乾隆皇帝对这里情有独钟，御笔书写了"山塘寻胜"，又在清漪园后溪河中段以山塘街为原型，修建了皇家宫室苏州买卖街（苏州街）。在清漪园时，买卖街宫市中有茶楼、酒肆、银号、字画、文房四宝、鞋、帽、布匹等各行业商号，意境模仿江南水乡，布局摹仿浙东一带常见的"一水两街"的形式，以河当街、以岸做市。但苏州街和山塘街不同的是，其整条街道以三孔拱桥为中心，和万寿山景观融合，又和四大部洲建筑群结合，构成"以庙带市"的传统商业形式。"庙"是高原风光的西藏庙，"市"是江南清秀妩媚的水乡景观。将高原风光和江南风物组合、浓缩在一个景区中的苏州街，是我国两千多年历代"宫市"中独一无二的版本。清漪园的景物也不是全都是写仿江南的，后山四大部洲、香岩宗印之阁、须弥灵境等是模仿西藏的寺庙，景明楼（西堤柳桥）写仿岳阳楼，十七孔桥写仿卢沟桥等等，可以说清漪园是浓缩了南北园林文化的精华，并进行了升华。

这些大运河沿线的景观写仿到清漪园里，让清漪园展现出一派江南风光，江南元素非常鲜明，再现了许多历史典故和知名景观。也正因为大量运河沿线风光的应用，从这个意义上来说，颐和园是一座名副其实的大运河文化博物馆。

虽然建立清漪园确实有"自食其言"的嫌疑，但实际是有建立的正当理由：水是生命之源，对于都城而言，水的重要性毋庸置疑，现代南水北调工程也是为了保障用水。因此历朝历代都会兴修水利，到了乾隆皇帝这时候也是如此。为了保障北京城的用水，大力开展治理工程，才让整个昆明湖的面积比起以前扩大了两倍，深度也增加到以前的两倍，使京城在用水上，在漕运上，在防洪抗灾以及周边农田用水上得到了极大的改善。同时，乾隆皇帝的母亲崇庆皇太后60大寿，乾隆皇帝为母祝寿，于是融入了自己的设计意图与理念，造就了清漪园，可以说是一举多得。

乾隆对清漪园的喜爱表现在他的诗词中对清漪园的赞美："何处燕山最畅情，无双风月属昆明"。但是他想到皇帝出尔反尔不好，于是建好后，在《清

水上漂来的
颐和园
——颐和园与大运河

◇ 09 ◇

The Summer Palace 2024

颐和园

〇五六 —— 〇五七

漪园记》进行了说明，希望通过这种让后世无法超越的辉煌园林来表现出皇家至高无上的权利。此外，乾隆每次来，也就上午待半天，中午就返回了，绝不过夜。

五、结语

颐和园建园距今有270多年，但对颐和园联系到水利工程的历史追溯，则是跨越了辽、金、元、明、清直至现今，经历了700多年的历史，通过历朝历代对这片山形水系的打造，才形成我们现在的颐和园。如今，颐和园还在发挥着它的作用。古为今用，繁华不只为追忆，未来将续写新的篇章。

10 清漪园知春亭名称的涵义

张鹏飞

知春亭位于颐和园（清漪园）昆明湖东部的小岛之上，是园中观景的佳处，处此亭则湖山尽在眼底，因此游客多在此摄影留念。关于其历史，清代《崇庆皇太后万寿庆典图》中所示其名为寄澜亭，后改为知春亭。现在一般解释"知春"二字为感知春天。如果对照乾隆御制诗及相关文献，会发现这种解释与乾隆皇帝的本意有相当的差距。

春字在三山五园的景观命名中广泛应用，此区域最早的御园名为"畅春园"，而后圆明五园中长春园、春熙院、绮春园、熙春园四园皆含春字，赐园中则有淑春园、春和园、镜春园、近春园。清康熙皇帝在《畅春园记》中写道："既成而以畅春为名，非必其特宜于春日也。夫三统之迭建，以子为天之春，丑为地之春，寅为人之春，而易文言称'乾元统天'，则四德皆元，四时皆春也。先王体之以对时育物，使圆顶方趾之众各得其所，趺行喙息之属咸若其生。光天之下，熙熙焉，皞皞焉，八风罔或弗宣，六气罔或弗达，此其所以为畅春者也。"[1] 康熙首先否定了畅春与春季的特定关系，进而他将畅春的涵义追溯至《周易》，即由《易传·象》中的"大哉乾元，万物资始，乃统天"一句提炼出的"乾元统天"，并进一步解释元亨利贞四德皆统于元，与之对应春夏秋冬四时皆统于春，因此畅春的含义就是皇帝力行四德而使万物各得其宜。康熙皇帝的印章"体元主人"，即与此相关，体元以达于畅春。在《赋得三十六宫都是春》诗中康熙写道："青阳和煦为春首，淑日依迟作道筌。运转洪钧推造化，体元善政在身先"[2]，也表达了相似的观念。

清乾隆皇帝与春字亦大有渊源，清雍正年间他被赐居于圆明园的长春仙馆，后又在编纂《当今法会》一书时，被雍正赐号曰"长春居士"。他即位后，在宫苑中多处题署"长春书屋"。清乾隆五十六年（1791 年）的《长春书屋》（清漪园中）诗注中提道："长春园、万寿山、静宜园、避暑山庄、宁寿宫等处皆以此颜斋，用昭圣训，垂示体仁临民之要。"[3] 据王子林先生统计，养心殿、重华宫、瀛台也有长春书屋[4]。如此，则长春书屋有 8 处之多。

乾隆为何如此重视"长春"二字呢？王子林先生认为"长春"之意为"仁"[5]。"仁"或说"仁政"是儒家治国思想中的理想状态。如此，则将儒家思想作为治国准则的乾隆皇帝无由不重视春。王先生引用乾隆《元者善之长也亨者嘉之会也利者义之和也贞者事之干也》一文中"天具四德，而为春夏秋冬，人体四德，而为仁义礼智。然夏秋冬咸统于春，而义礼智实归于仁，故曰元者善之长也"的说法，并辅之以朱熹的相关论述，予以论证[6]。乾隆在康熙"四德皆元，四时皆春"的基础上，引入人道的四德"仁义礼智"，如此则元、春、仁为一体，体元、长春以昭仁，长春书屋的题额昭示着乾隆皇帝要施行仁政的治国思想。

具体到乾隆皇帝命名知春亭，自然也是依循乃祖，非仅仅于此观赏春景。他在有关知春亭的御制诗中写道："春来万物尽皆知，何独知春四柱兹""春来何物不知春，却让虚亭名善循"，并在御制诗中自答"虚亭却以无言会，一部羲经注毕时""一亭安得独享帚，曰即羲经见谓之"。如此知春的涵义也就需要在羲经也就是《周易》中求解。乾隆在一首题咏西苑长春书屋的诗中写道："元既贯四德，春应含四季。羲经曰统天，以示长春义。"长春取意《易传·象》中的"大哉乾元，万物资始，乃统天"一

涵名清
义称漪
的园知
春亭

10

颐和园

The Summer Palace 2024

〇五八——〇五九

句，这也呼应了《畅春园记》中提到的"乾元统天"。知春与长春同，其意重点也在"统天"二字。对此乾隆在《知春亭有会》一诗中进一步申说："春为乾之元，气居四时首。万物无不知，而亭胡享帚。亭固物之一，一实万之母。仁仁与智智，其见随所取。一知即万知，义具系辞有。"春就是乾元，乾元以统天；知一则足以知万，可以在《易传·系辞》中找到解释。这首诗也说明了知春与《周易》的深厚渊源。而所谓知春就是知万物及其运行规则。蒋溥、刘统勋奉敕编纂的《御览经史讲义·卷五》有一篇储麟趾所撰《复，其见天地之心乎》，其中写道："臣谨按乾之《象》曰'乾元统天'，坤之《象》曰'坤元承天'。元之为义，于德为仁，于时为春。元大也，始也。一元大始，而四时枢纽以为消息，庶汇根柢以为生成，是天地固无心以成化，而亦若有心焉。"同书卷一陈兆仑所撰《大哉乾元万物资始乃统天》中写道："如谓元之德止于始物而已，又孰为护之惜之，至于历千万春而常如一春也。则以为是元功之所统也云尔。盖天道有温肃之异，用而归于好生。王者有仁义之殊，施而归于任德，故

曰三皇之世如春，又曰万物熙熙如游春台，此亦统天之义也。""乾元统天"也包含了滋生万物的意思。

乾隆皇帝将位置绝佳的亭子命名为知春，昭示着他临民体仁之意，即造园也不全为游豫，而意在施仁政以滋养万民。他在一首题咏清漪园长春书屋的诗中写道："宁祇谈禅适清豫，临民要在体元仁。"畅春、长春、知春实是一脉相承，蕴含着康乾两代治理国家的基本原则。因此从某种意义上可以说知春亭是理解清漪园的枢机所在。

注　释

❶ 《日下旧闻考·卷七十六》，北京古籍出版社，1981年，第1269页。
❷ 《圣祖仁皇帝御制文集第四集·卷三十三》，第10页，四库全书本。
❸ 《清高宗御制诗五集·卷六十六》。
❹ 王子林，《乾隆长春书屋考》，《故宫博物院八十华诞暨国际清史

学术研讨会论文集》，紫禁城出版社，2006年，第576页。
❺ 王子林，《乾隆长春书屋考》，《故宫博物院八十华诞暨国际清史学术研讨会论文集》，紫禁城出版社，2006年，第579-582页。
❻ 王子林，《乾隆长春书屋考》，《故宫博物院八十华诞暨国际清史学术研讨会论文集》，紫禁城出版社，2006年，第579-580页。

11 《香山路程图》绘制年代分析

张利芳

《香山路程图》（以下简称"舆图"）形象描绘了北海至香山静宜园沿途的历史景观，以御路为纽带，串联城镇、建筑、河流、山脉、苑囿等要素，真实展现了晚清时期北京城的历史风貌。本文通过对舆图关键历史节点相关资料的分析与研究，推测舆图的绘制年代，为舆图绘制背景及成因的分析奠定基础。

一、以往关于断代的研究

舆图断代是舆图研究的基础，目前关于《香山路程图》的年代断定，"名园号静宜——清内府舆图《香山路程图》"学术沙龙中，根据建筑的修建与被毁时间节点，提出舆图绘制的时间应为"1891 年颐和园新建宫门之后，1895 年海军衙门裁撤之前，颐和园二次修毕时所绘"[1]。在此基础上，笔者对御路沿途各区段点位梳理研究，逐一确定与舆图绘制年代相关的历史节点。

二、舆图关键历史点位分析

舆图以"贴黄"的形式准确标注图中各建筑的名称及不同路段的里程数，共绘制了 190 余处历史点位[2]、23 段区间路程，共计四十二里三分八厘七毫。经分析，选取 14 处历史点位。

（一）阳泽门—福华门小火车轨道

舆图中绘有西苑铁路[3]的一段火车轨道（图 1~图 3），为穿越福华门（中南海北门）、阳泽门（现北海公园西南门）的一段"活安铁路"[4]。

相关史料记载如下：

《翁同龢日记》："光绪十四年十一月初六日（12月 8 日）合肥以六火轮车进呈（五进上，一送邸）。今日呈皇太后御览。**今紫光阁铁路已成，未知可试否**

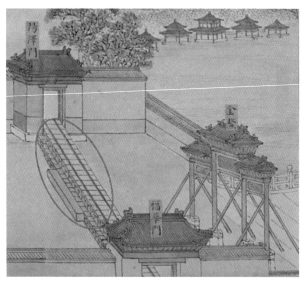

图 1　阳泽门—福华门小火车轨道

图 2　北海阳泽门铁轨老照片

也？是为权舆，记之。十一日（12月13日），观新进之火轮车，约长三四丈，狭长，对面两列，可容廿八人，凡三辆。又观机器车，不过丈馀，此天津所进，三辆留西苑，三辆交火器营收，昨日甫到也"❺。

中国第一历史档案馆藏有西苑铁路相关舆图两张。一张为"北京中海福华门内修造车坞、铁路尺寸图样"❻（图4），这段铁路由中海紫光阁至北海阳泽门，即翁同龢于清光绪十四年（1888年）十一月所见之"**紫光阁铁路**"。图中标注福华门—阳泽门段为"活铁路"，贴说注此段全长257丈，以清营造尺一尺0.32米计算，长约822米，约1.5华里。另一张"北京北海至中海铺修铁路图样"❼，绘制了中海北部和北海全部的西苑铁路全线，应是该项工程的设计总图。从图中贴说可知，西苑铁路总长472丈，约1500米，合3华里。

中国第一历史档案馆藏光绪十四年《奉宸苑记事簿》："光绪十四年十一月十一日李总管口传，奉旨：自福华门、阳泽门起，西泊岸添安铁路，量度地势办理。二十六日呈递奏事官英年谨看得：北海安设铁

路，由阳泽门至极乐世界……谨择于**本年十二月十三日庚寅宜用金匮，庚辰时动土兴修吉。极乐世界至镜清斋……谨择于明年正月初十日丙辰宜用金匮，丙申时动土兴修吉。**"❾记录了西苑铁路西段和北段的开工时间。

依据上述史料，可知紫光阁段铁路于光绪十四年（1888年）十一月已完成，但西苑铁路的建成和全线通车时间应不早于光绪十五年（1889年）。此后，西苑铁路运行了12年，光绪二十六年（1900年）八

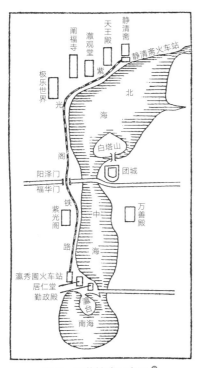

图3　西苑铁路示意图❽

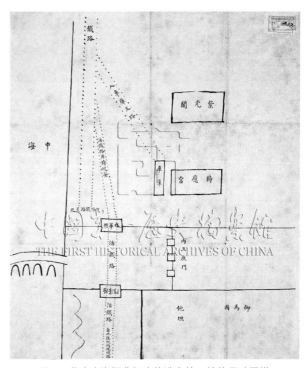

图4　北京中海福华门内修造车坞、铁路尺寸图样
（图片来源：中国第一历史档案馆）

国联军侵占北京，破坏并拆毁了铁路的大部分路段。1925 年，北海公园正式开园前，将残余的西苑铁路完全拆除。以此推测舆图中小火车轨道的绘制年代范围为 1888—1900 年。

图 5　洋楼

（二）洋楼⑩

　　舆图中绘有一座西洋风格的建筑，黄签标注为"洋楼"（图 5）。这座建筑即西什库教堂的前身"蚕池口教堂"（即老北堂）。教堂建于清康熙四十二年（1703 年），之后，因"礼仪之争"及罗马教皇发布的禁令，激怒了康熙皇帝，其颁布了禁教令。清朝政府的禁教政策一直持续到鸦片战争前期，该教堂也因长久无外国传教士居住而基本废置。清道光七年（1827 年），教堂地产被没收入官；道光十八年（1838 年），被拆除。清咸丰十年（1860 年），《北京条约》签订后，清政府将教堂归还给教会。清同治五年（1866 年），在蚕池口原址上第二次重建，教堂风格为哥特式（图 6），正面有两座塔楼，与舆图中"洋楼"建筑形制相似。光绪十二年（1886 年），整修三海，教堂被迁走，于西安门内西什库另建新堂。根据老照片（图 7、图 8），可知蚕池口教堂于 1900—1902 年还存在。

　　关于蚕池口教堂的拆除时间，笔者查阅了晚清至民国时期老地图（图 9、图 10），光绪三十三年（1907 年）北京城郊地图明确标注了蚕池口教堂、西什库北堂的位置，而 1915 年实测京师四郊地图上则仅存西什库天主教堂。由此可知，洋楼（蚕池口教堂）大概于 1907 年至 1915 年间被拆除。综上，舆图中洋楼的绘制年代推测为 1866—1907 年。

图 6　1866 年教堂（北堂）（图片来源：1888 年《画报》插画）　　图 7　1900 年蚕池口教堂⑪

图 8　1900—1902 年蚕池口教堂（图片来源：网络）

（三）西四牌楼路口两座官厅转角楼

　　西四转角楼，又称"西四街楼"，两座转角楼原为砖木结构，平面呈曲尺形，每座楼两翼面阔各 5 间，屋顶为灰瓦起脊，檐柱和门窗为朱红油饰

图 9　1907 年地图中的老北堂和新北堂（西什库教堂）　　图 10　1915 年地图中的新北堂

（图 11）。西四转角楼始建于光绪二十年（1894 年），是为庆祝慈禧太后六十岁寿辰而兴建的庆寿工程之一[12]，位于西四十字路口的东北角和西北角，占据街角制高点的位置，楼内可驻兵，楼上可瞭望，以备防守保卫。甲午海战爆发后，"万寿庆典"取消，沿途点景工程一律停止，这两座转角楼作为永久建筑被保存。西北角的转角楼现为新华书店（图 12），东北角街楼于 20 世纪 80 年代拆除重建，现为中国工商银行

分析 绘制年代
《香山路程图》
◇ 11 ◇
The Summer Palace 2024
颐和园
〇六二 —— 〇六三

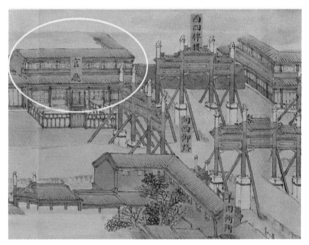

图 11 官厅转角楼

图 12 西北角楼现为新华书店

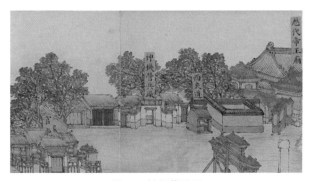

图 13 神机营兵厂

北京西四支行。舆图中两座转角楼完好，推测绘制其年代应为 1894 年前后。

（四）神机营兵厂[13]

神机营创建于同治元年（1862 年），清末震钧《天咫偶闻》载："神机营署，在煤渣胡同。同治初，设选八旗精锐，别立此营"[14]。神机营由八旗骁骑营、前锋营、护军营、步军营、火器营、健锐营等军营挑选官兵组成，为旗营中最精锐的部队，是清末禁卫军的主力，负责驻扎近畿拱卫京师，职司守卫紫禁城及三海，并扈从皇帝出巡谒陵。

舆图中绘制有神机营兵厂（图 13），据《光绪朝钦定大清会典》（图 14）记载，可知神机营设掌印管理大 1 人，于亲王、郡王内特简；设管理大臣"掌神机营之政令"，无定员，于王公大臣、都统、副都统内特简；设总理全营事务翼长 3 人，共有马、步队 25 营，分为左翼、右翼及中营，计有官兵 14000 多人。马、步队还设有专操管带、帮操、营总、令官。神机营内部设有文案、营务、印务、粮饷、核对、稿案六处，及军火局、军器库、枪炮长、机器局等。由此，笔者推测此兵厂可能是神机营署下设的用于驻兵（或屯兵）、存储军械、训练新军或处理营务等的场所。

光绪二十六年（1900 年），八国联军入侵北京，当时神机营有 3 万余人，拥有先进枪炮装备，但在与

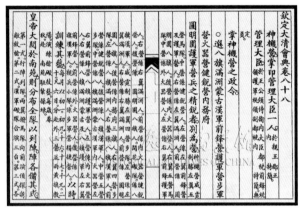

图 14 《光绪朝钦定大清会典》对神机营的记载
（图片来源：中国第一历史档案馆）

图 15 舆图绘制光明殿及光明殿胡同

图 16 御座船

图 17 镜春舻样式雷图样
（图片来源：中国科学院文献情报中心）

八国联军作战时一触即溃。随着战争结束，神机营被解散。根据中国第一历史档案馆藏神机营全宗档案的起止时间⑮（清同治七年至清宣统二年，1868—1910年），可知神机营的活动一直持续至1910年。

（五）光明殿

光明殿（图15）为明清皇家供奉的道教宫观。始建于明嘉靖年间，清雍正、乾隆年间分别重修。清光绪二十六年（1900年），八国联军侵入北京，光明殿及其附属殿宇被焚毁。现基址上建筑为国家机关事务管理局大院。

（六）御座船

舆图中绘制了1段水路、1艘御座船（图16）、1艘龙旗船和3艘纤船，将御座船船样与中国科学院藏镜春舻样式雷画样（图17）相比对，从船体建筑结构、主殿的旗杆造型、船尾的凤旗形态等可知，舆图中的御座船应为慈禧御用座船——镜春舻。

中国第一历史档案馆藏光绪二十三年（1897年）《慈禧皇太后庆辰档案》记载，慈禧皇太后六十三寿辰庆典时，镜春舻已造好⑯，且为万寿庆典的专用御船。此船平日停放在颐和园的船坞中，慈禧游湖或从水路回紫禁城时，船前面要用汽艇拖带。1930年，该船曾被国民政府修理待客营业（图18），1938年，沉入西堤附近湖底。

（七）倒座观音堂⑰

倒座观音堂（图19），坐南朝北，庙门正对苏州街，俗称"倒座庙"。原庙为小式起脊硬山庙门1座，正南为歇山式二层三开间楼阁式建筑，有东西配殿各3间，庙因内供有1尊木质观音大士像，也叫"倒座观音堂"。此庙始建年代失考，据《重修观音堂碑》

碑文"清光绪甲午，孝钦显皇后六旬万寿，因地临跸路，曾发内帑重新修建。"可知此庙在光绪二十年（1894年）为筹备慈禧六旬寿辰时修过。1924年合村集资重修，1988年拓宽马路时拆毁。

（八）畅春园地基[18]

畅春园是清代在北京西郊修建的第一座大型皇家园林，清康熙二十六年（1687年），在明代武清侯李伟清华园的旧址上建成。清雍正以后，随着皇帝理政中心转移至圆明园，畅春园逐渐衰落；清乾隆年间，作为弘历奉养生母的"皇太后园"，其曾进行过几次修建；清嘉庆至道光年间，因不再有皇太后而闲置荒废。清咸丰十年（1860年），其被英法联军焚毁；清光绪二十六年八国联军侵占北京时再次遭到洗劫；民国年间，其旧址被辟为练兵场（图20）、农田。现今，畅春园仅遗留恩佑寺、恩慕寺两座山门。

舆图中畅春园的位置标注为地基（图21），此外，还描绘了1处影壁墙，未见其他功用的痕迹，可知此时畅春园已不存，推测舆图其绘制时间大概处于1860—1900年这一时间段。

（九）海军衙门[19]

海军衙门，又称"总理海军事务衙门"，是清廷甲申易枢后增设的指导海防乃至洋务的重要机构[20]。

图18 民国时期的镜春舻

▲已被拆除的倒座庙旧貌

图19 舆图及老照片中的倒座观音堂

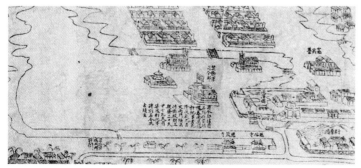

图20 《西山图》中的畅春园
（图片来源：任昉霏《"三山五园"地图中的畅春园》）

图21 畅春园地基

光绪十一年（1885年）九月设立，由醇亲王奕譞管理海军事务。光绪二十年（1894年），中日甲午战争爆发，战争最终北洋海军全军覆没。光绪二十一年（1895年），裁撤海军衙门。舆图中海军衙门仍存（图22、图23），推测舆图绘制年代不晚于1895年。

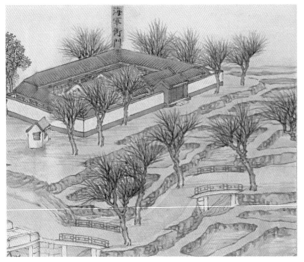

图22　海军衙门

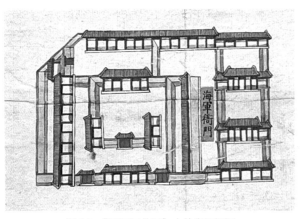

图23　《颐和园全图》中的海军衙门
（图片来源：首都博物馆）

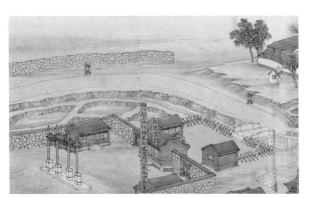

图24　颐和园新建宫门

（十）新建宫门 ㉑

新建宫门是颐和园时期修建的1座园门（图24），清光绪十七年（1891年）随添修园墙工程修建完成。宫门面阔3间，卷棚歇山顶，门内、外建有南北朝房各3间，20世纪50年代，因道路修建，宫门南朝房和门前小桥被拆毁，历史格局受到影响。图中新建宫门内外格局完整，推测舆图绘制年代晚于1891年。

（十一）颐和园宫门外牌楼

舆图中绘制的颐和园宫门外牌楼仅剩4组8个立柱（图25）。颐和园东宫门外牌楼始建于清乾隆十五年（1750年），为三间四柱三楼 ㉒（图26、图27）。据中国第一历史档案馆藏清光绪时期的设

图25　颐和园宫门外牌楼
（红圈标注）

图26　《清人画万寿图卷》
中的牌楼
（图片来源：故宫博物院）

图27　牌楼老照片（图片来源：1879年，赖阿芳拍摄）

计图纸（图 28）及颐和园现存牌楼现状（图 29），可知此牌楼在光绪年间进行过重修设计，结合图签上文字："谨查得原旧式牌楼一座，台基面宽五丈八尺五寸，明间面宽一丈七尺三寸，二次间各面宽一丈五尺三寸，夹杆石见方三尺三寸，高五尺二寸，柱径一尺六寸五分，碾礤进深四尺一寸，台明高一

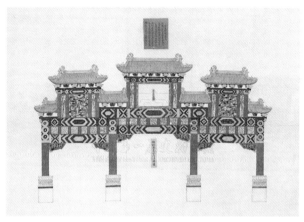

图 28　颐和园东宫门外牌楼
（图片来源：中国第一历史档案馆）

图 29　颐和园东宫门外牌楼现状

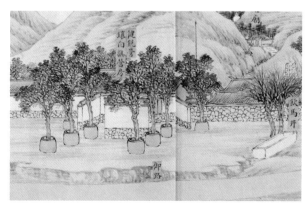

图 30　健锐营镶白旗营房

尺一寸"㉓，推测此牌楼在清咸丰十年（1860 年）英法联军焚毁西郊园林时，幸免于难。关于其形制的变化，考虑与颐和园政治等级的提升有关，颐和园在光绪时期成为紫禁城之外的政治、外交和宫廷生活的中心，牌楼重修后改为三间四柱七楼。

根据舆图中绘制的颐和园东宫门外牌楼的形制，推测此时牌楼正处于重修阶段。查阅清光绪十九年（1893 年）的颐和园工程清单（记录了每月每隔 5 天颐和园各项工程的修建及施工进展情况㉔），可知此牌楼从二月开始修建，一直持续至十一月底完工。由此，推测此舆图的绘制年代应不晚于 1893 年。

（十二）健锐营㉕

舆图中绘制有香山健锐营各旗营房（图 30）。健锐营，又称"健锐云梯营"，为清代北京西部拱卫京师的三大兵营之一。其设立于乾隆十四年（1749 年），组建与金川之役有关。健锐营分左右二翼，各设翼领一人，并选王公大臣兼任都统，常日驻扎香山静宜园担任守卫，兼管西北郊的治安，战时则是清军的精锐部队，参与卫国平乱的重大战争。1912 年 2 月，清帝逊位，健锐营正式解体。可知舆图中绘制健锐营的时间为 1749—1912 年。

图 31　玉皇顶

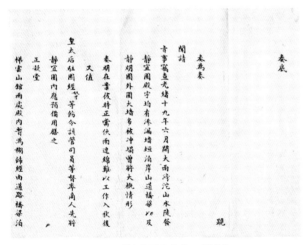

图 32　梯云山馆

图 33　《静宜园已修各工缮单》
（图片来源：台北"故宫博物院"）

（十三）玉皇顶

玉皇顶（图 31），原名"玉皇庙"。明天启元年（1621 年）建玉皇阁，清道光三十年（1850 年）建吕祖殿，光绪二十九年（1903 年）重修，改称静福寺。静福寺遗址位于香山碧云寺北木兰栝山麓山腰，依山势而建，坐西朝东，三面环山，一面临涧。玉皇顶由并排三座院落组成，分别是玉皇阁、吕祖殿、关帝殿。根据舆图中"玉皇顶"的名称还未改为"静福寺"，可知舆图绘制时间为 1903 年之前。

（十四）梯云山馆

梯云山馆（图 32），位于静宜园西山晴雪石碑之北。始建于乾隆年间，殿五楹，抱厦三间，咸丰十年（1860 年）被英法联军焚毁。根据台北故宫博物院藏《静宜园已修各工缮单》（图 33）："光绪十九年六月间，大雨滂沱、山水陡发，静宜园殿宇均有渗漏，墙垣泊岸山道桥梁以及静明园外大墙多被冲塌。曾将大概情形奏明在案，彼时正当伏雨连绵，难以工作。入秋后又值皇太后驻园，经奴才等饬令，该管司员等督率商人先将静宜园内应预备用膳之**正凝堂、梯云山馆两处殿内暂为糊饰**……"可知，慈禧在重修颐和园工程时，还在 1888—1900 年间，对静宜园进行了重修，且光绪十九年（1893 年）为了解决入秋后慈禧太后入驻香山静宜园的膳食问题，还专门对梯云膳馆和正凝堂两处建筑进行了糊饰修缮。此外，颐和园藏有一张静宜园内梯云山馆添修点景值房寿膳房图样（图 34），应是当时修缮期间的工程图。

此外，《翁同龢日记》[20]中也详细记载了慈禧太后、光绪皇帝至香山梯云山馆登高的活动内容："光绪二十二年丙申（1896 年）（八月）二十日（9 月 26 日）是日侍太后幸香山静宜园，诸王公及侍卫等从。（梯云山馆者，园中坐落，尚可骑马，以上八里许无可驻。）（十月）初九日（10 月 15 日）是日上侍

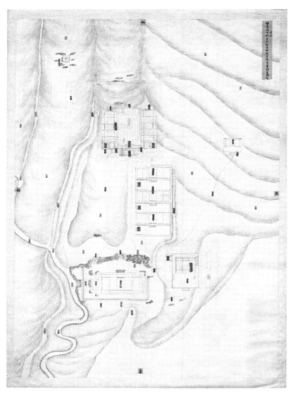

图 34　静宜园内梯云山馆添修点景值房寿膳房图样

皇太后诣卧佛寺，登寺后寿山头，乘高凭览，已正启銮。"光绪二十三年丁酉（1897 年）（十月）初九日（10 月 4 日）是日上侍皇太后诣静宜园（香山，距此廿余里），诸王大臣从，由梯云山馆上山，修登高

故事。"上述史料再次验证了香山静宜园重修的史实。由此也可推测舆图的绘制时间为 1893—1900 年。

三、舆图绘制年代推断

上述对舆图断代关键节点及年代范围的分析如表 1 所示。

这些节点的年代上限可追溯至乾隆时期，考虑到此舆图为晚清时期地图，结合上表将其年代上限定为清咸丰十年（1860 年），下限为清宣统三年（1912 年）。综合海军衙门清光绪二十一年（1895 年）

表 1　　　　　　　　　　　舆图中关键节点年代范围统计表

关键节点	年代范围
阳泽门—福华门小火车轨道	清光绪十四年至二十六年（1888—1900 年）
洋楼	清同治五年至清光绪三十三年（1866—1907 年）
西四官厅转角楼	始建于清光绪二十年（1894 年）前后，慈禧六十寿辰庆寿工程之一
神机营兵厂	清同治元年至清宣统二年（1862—1910 年）
光明殿	清光绪二十六年（1900 年）被毁
御座船	清光绪二十三年（1897 年）
倒座观音堂	清光绪二十年（1894 年，慈禧六旬寿辰重修）
畅春园地基	清咸丰十年至清光绪二十六年（1860—1900 年）
海军衙门	清光绪十一年至二十一年（1885—1895 年）
新建宫门	清光绪十七年（1891 年）
颐和园宫门外牌楼	不晚于清光绪十九年（1893 年）
健锐营	清乾隆十四年至清宣统三年（1749—1912 年）
玉皇顶	清光绪二十九年（1903 年）之前
梯云山馆	清光绪十九年至光绪二十六年（1893—1900 年）香山静宜园重修

被拆除、西四官厅光绪二十年（1894 年）建成、颐和园宫门牌楼光绪十九年（1893 年）十一月底重修完工等断代信息，推测舆图的绘制年代集中于 1893—1894 年，且多个节点的修缮时间聚焦于同一个历史事件——慈禧六十寿辰庆寿工程。

由此，推测此舆图的绘制年代为清光绪十九年至二十年（1893—1894 年）。后续笔者将另起新篇，结合慈禧六十万寿庆典分析、验证此舆图的绘制年代及绘制成因。

注　释

❶ 《香山路程图》公开研究成果，目前仅见"名园号静宜——清内府舆图《香山路程图》"学术沙龙。

❷ 这些历史点位包含牌楼、行宫苑囿、桥梁、军事设施、城关、胡同、城防街道、寺庙、村庄、水闸、船只等。

❸ 西苑铁路起点于中南海的瀛秀园门前，经紫光阁向北，穿过福华门（中南海北门），进北海阳泽门（北海公园西南门），沿北海（太液池）西岸往北，过极乐世界、五龙亭西小火车桥转弯向东北，再经阐福寺、快雪堂、华藏界琉璃牌楼到终点镜清斋（后改称静心斋）。引自：梁允立，《京都北海小火车桥》，《第七届中国古桥研究与保护学术研讨会论文集》，2017 年 11 月。

❹ "活安铁路"即即时现安的铁轨。此地段平时主要通行车马，安装固定铁轨，将使交通受阻，故在两门之间跨街面做了活动路基木台铺设钢轨，用时拼接在一起，不走火车时撤去木台钢轨，恢复马路交通。

❺ （清）翁同龢著，翁万戈编，翁以钧校订，《翁同龢日记·第五卷》，中西书局，2012 年，第 2277 页。

❻ 杨乃济，《西苑铁路与光绪初年的修路大论战》，《故宫博物院院刊》，1982 年第 4 期。

❼ 刘源，《御苑里的小火车》，《紫禁城》，2005 年第 6 期。

❽ 吴千，《慈禧专用的"游玩"铁路》，《文史博览》，2013 年第 11 期。

❾ 杨乃济，《西苑铁路与光绪初年的修路大论战》，《故宫博物院院刊》，1982 年第 4 期。

❿ 佟洵，《"北堂"的变迁》，《北京科技大学学报（社会科学版）》1999 年第 3 期；周鼎、姜玲，《北京最大的教堂——西什库教堂的历史与建筑》，《中华民居》，2011 年第 12 期；陈佳琳，《北京近代教堂建筑研究》，北京建筑大学硕士专业学位论文，2020 年。

⓫ 1900 年法国随军摄影师热气球航拍图。参考：司古，《1900 一名法国上尉镜头下的北京》，《地图》，2011 年第 4 期。

⓬ （1）慈禧六旬庆寿点景工程，除在紫禁城及颐和园内筹办外，还要在西华门至颐和园的数十里御道点缀景观，搭建龙棚、彩棚、灯棚、经棚、戏台、经坛、经楼、灯楼、牌楼等，增加节日喜庆气氛。参考：国家图书馆编，《国家图书馆藏样式雷图档·万寿庆典卷》，国家图书馆出版社，2023 年。（2）依据慈禧太后懿旨，本次庆典要"查照旧章"，即遵照清乾隆年间庆典成案举办，内容包括跸路点景工程、彩殿工程、宫廷（含颐和园）装饰工程，其他还有宫廷陈设物品、金辇所经道路的房屋和铺面修葺、庆典所需衣物与首饰、仪仗卫衣、修缮庙宇等项。引自：翟金懿，《慈禧万寿庆典与甲午战败关联性政治记忆的塑造与诠释——从慈禧太后六旬万寿庆典经费谈起》，《中国国家博物馆馆刊》，2021 年第 1 期。

⓭ 王青，《清末政府组建神机营始末》，《北京档案》，2020 年第 6 期。

⓮ （清）震钧，《天咫偶闻·卷三》，北京古籍出版社，1982 年。

⓯ 皇史宬公众号文章，王少芳，《神机营全宗档案》，2022 年 8 月 5 日。

⓰ 翟小菊，《颐和园光绪朝帝后御船录》，《颐和园》，2016 年第 5 期。

⓱ 1928 年北平市特别政府社会局庙宇档案记载："倒座观音堂，坐落在西郊四分署倒座观音堂二十号，民国十三年五月重修，……庙内法物有娘娘 5 位，站童 6 个，王奶奶 2 位，观音大士千佛像、关公、鲁班各 1 位，内有木像 1 尊，余皆泥像，铁香炉 1 座，铁钟 1 个，铁磬 3 个，柴木供器 4 份，供桌 5 张，石碑 1 座，树 3 株。"1989《北京名胜辞典》记述："寺庙三楹，上下两层阁楼式建筑，有东西配殿各三楹。楼阁为摅头脊硬山筒瓦顶，前出廊，廊置宝瓶样栏杆。楼阁正中置紫檀木雕刻神龛一座，内供木雕千手千眼观音金漆像一尊，高 1.45 米。造型生动，工艺水平很高，阁下供奉观音、文殊、普贤三大士泥塑彩像三尊，像前置供桌一张。楼前立石碑一座，碑文列捐银善士芳名，庙门口有水井一眼，石水槽一个，磨刀石一块。"引自：王珍明，《海淀古镇风物志略》，学苑出版社，2000 年，第 139 页。

⓲ 王其亨、张龙、张凤梧，《从颐和园大他坦说起——浅论圆明园和颐和园历史功能的转换》，北京市颐和园管理处等编，《颐和园史事研究百年文选》，中国建筑工业出版社，2016 年；任晓霏，《"三山五园"地图中的畅春园》，《地图》，2016 年第 1 期。

⓳ 王道成，《颐和园与海军衙门》，《人民论坛》，2006 年第 4A 期。

⓴ 杨益茂，《海军衙门与洋务运动》，《中国人民大学学报》，1993 年第 5 期。

㉑ 孙震，《颐和园宫门建筑群历史沿革探究》，《颐和园微览》，2018 年 5 月 11 月。

㉒ 中国第一历史档案馆、北京市颐和园管理处，《清宫颐和园档案·营造制作卷（二）》，中华书局，2015 年，第 628 页。

㉓ 孙震，《颐和园宫门建筑群历史沿革探究》，《颐和园微览》，2018 年 5 月 11 日。

㉔ 查阅《清宫颐和园档案·营造制作卷（三、四）》第 1434~1795 页，可知牌楼的修建大致有苫灰背、挖瓦、錾打石料、安砌礓磋等石、安砌海墁等石、钉安戗木、牌楼柱木披麻挂灰、油饰披灰麻、油饰彩画等修缮流程。从光绪十九年二月十一日开始至十一月二十日完工。

㉕ 赵书，《健锐营八旗述往》，《满族研究》，1997 年第 2 期；柳茂坤，《清朝健锐营概述》，《历史档案》，1999 年第 4 期；常林、白鹤群，《北京西山健锐营》，学苑出版社，2006 年。

㉖ （清）翁同龢著，翁万戈编，翁以钧校订，《翁同龢日记》（第六至第七卷），中西书局，2012 年，第 2988 页、第 3089 页。

12 清代《香山路程图》艺术分析

——兼与《崇庆皇太后万寿庆典图》之比较

王晓笛

引言

《香山路程图》是晚清时期为帝后出行所绘制的地图性质的游览图。路程图是中国传统舆图中一种非常重要的绘制方式。古代地图从风格上划分，可分为形象画法、符号法、投影经纬法、计里画方法。《香山路程图》属于形象画法，是采用传统山水绘画技法，形象描绘了从北海团城至香山静宜园沿途景观和行进路线，以立面的形式展现了路线经过的园林宫苑、桥梁湖池、胡同街道、围墙城关、寺观祠庙、军事设施等各处景观。与清代主流的平面舆图绘制形式不同，《香山路程图》没有采用传统的全景式或方位式的平面地形图表现手法，装裱形式也不是舆图惯用的立轴或长卷形式，而是被装裱成为较为常见、便于携带的线装本。

一、《香山路程图》概况

《香山路程图》，不分卷，未注撰者（佚名），清晚期内府彩绘本，开本纵 20.5 厘米、横 14 厘米，无框栏，共 1 册，现藏于颐和园博物馆。该图装裱形式为线装本，书衣为蓝绢，书角、书背均有磨损痕迹，书签贴于书衣左上角，书签绘黑色双线框，上墨笔题写"香山路程图 计七十六页"字样❶，书页右侧为书芯订捻、缝线处，书脑部分全部为画艺。图中详细记录和描绘了从北海团城至香山静宜园途经的寺庙、行宫、御苑、御路、胡同、街道、城门、古镇、桥梁、农田、村庄、堆拨、官厅、碉楼、闸口等各处历史点位，并以"贴黄"的形式准确标注图中各建筑的名称及不同路段的里程数，图中共计描绘了二十三段里程，总计"由福华门至静宜园宫门止共四十二里三分八厘七毫"。

二、《香山路程图》与《崇庆皇太后万寿庆典图》的艺术比较

《香山路程图》属于清代舆图范畴，是清宫舆图 13 大类中的水陆路程图。经过分析比对，发现《香山路程图》可与水陆路程图、庆寿图中的类似作品进行比较探究，从而全面清晰掌握路程图的形制、风格、内容、艺术等方面的形成与发展。

现藏于美国国会图书馆，绘于清雍正十三年后（1735 年左右）的《四川湖北水道图》❷属于水陆路程图类型，与《香山路程图》相比较，无论是线装本的装裱形式、分段计路程的表现方式❸，还是立面散点透视的绘制方法，更或是"一河两岸"（《香山路程图》中对应为御路与南北两侧景观的"一路两景"画法）的构图方式，两者都有异曲同工之妙。但从表述内容和笔墨技法上看，《四川湖北水道图》内容为长江源头岷山至湖北荆州段江河两岸风貌，且采用传统山水的写意画法，洒脱率性，是为清中期的河道舆图佳作（图 1）。《香山路程图》在内容上绘制了自北海至香山静宜园御路两侧

图 1 《四川湖北水道图》局部

景观，采用传统山水画法，构图规整，清新秀雅，画面具有典型的宫廷艺术风格，与《四川湖北水道图》差异较大，故两者只能在装裱和表现形式上互为参考。

通过表现内容和艺术形式两方面比对，与《香山路程图》更为接近的应是同为皇家宫廷绘制，且带有万寿主题的纪实性绘画。在清代宫廷绘画中，有一类具有纪实性、作为一种皇家仪轨活动的"记录"，以描绘清代帝后寿辰为主题的绘画——"万寿庆典"图，如故宫博物馆院藏《康熙万寿图》《崇庆皇太后万寿庆典图》（以下简称《万寿图》）《胪欢荟景图》《崇庆皇太后八旬万寿图》《乾隆八旬万寿图》等。其中《万寿图》以长卷方式展现了清乾隆时期自万寿山清漪园回到紫禁城庆寿的沿途实景，与《香山路程图》中的行进路段有部分高度重合，并且皆由皇家宫廷绘制，在绘制时间上分别为清中期和清晚期，在艺术表现上却有前后传承关系，因此两幅作品在艺术表现上有不少相似之处，但又各具特色。

（一）绘制形式与内容比较

1. 形式

《香山路程图》与《万寿图》在装裱形式、画面构图、表现手法等方面既有相似，又有本质区别。从装裱形式上看，《香山路程图》为折页装纸本古籍，

以二十三段公里路程黄签作为每段的分隔；《万寿图》则为长卷装裱方式，绢本设色，以卷作为分隔，全图共由"嵩呼介景""川至迎长""康衢骈庆""兰殿延禧"四卷组成。从画面构图上来说，两幅作品画面中间都为御道，两侧是沿途各处景观，画面上部各处点景为正面视角，下部点景则多为俯视或斜视角度，为增添景观与自然环境的和谐统一，构图中添有树木、云层、天空等景物装饰，同时增强了视觉上的前后纵深感。从表现手法上来说，《万寿图》内容更丰富，道路沿途不仅有点景、建筑、彩棚、戏台等，还有众多人物活跃其间，画面生动，场面浩大，是清代盛世宫廷画家精心绘制的纪实性绘画精品；《香山路程图》作为路程游览图，画法翔实，笔墨简洁，画面更注重描绘路程经过景观和御路走向，出行是否安排合理妥当，沿途景观是否安全等内容。

2. 内容

《香山路程图》与《万寿图》中有多处相同的沿途景点分布。重点选取了"西四牌楼""广源闸"和"东宫门"三处较有代表的地标性景点，进行对比分析。

（1）西四牌楼

西四牌楼为明清时所建，为三间四柱三楼式有戗柱的木牌楼；牌楼正间上各挂一白色石匾，两面镌

刻着同样的字，东楼"行义"、西楼"履仁"；牌楼于1955年拆除。通过画面分析，《万寿图》中的西四牌楼描绘精美，色彩明亮，牌楼上的额枋、檐楼、斗栱都表现得十分清晰（图2）；与之相比，《香山路程图》中的西四牌楼则相对简略一些，梁枋的绘制比较粗犷，线条粗细不均，牌坊的各部分细节都简单略过（图3）。从牌楼的方位上看，清乾隆时期万寿庆典路线与晚清时期香山游览路线都要经过西四牌楼这一重要景观，为了防止百姓簇拥和围观，避免安全隐患，不通行的牌楼后面都用蓝色布障遮挡。稍有不同的是两图御路进行方向，《香山路程图》是由向北御路转向西御路，穿过南侧和西侧牌楼，因此北侧和东侧牌楼后都有布障遮挡；《万寿图》是东西走向御路，南北牌楼后搭建戏台点景，在画面上只绘出了北侧牌楼后有蓝色布障遮挡。

（2）广源闸

广源闸始建于元代，是元代通惠河上游的头闸，闸桥由闸门、闸墙和基础三部分组成。历史上的广源闸是为调节河水流量，控制水位高低而设置的。闸上设有木板，可以通行车马行人，是一座桥闸。在清代，广源闸是帝后出京游玩重要的陆路转换水陆的中转站。两幅作品中都绘制有广源闸，但绘制的方位和表现形式不各有同。《香山路程图》中以墨笔白描的画法描绘出广源闸闸门、基础、桥栏，桥闸方向为南北走向，御路由南至北通过桥闸（图4）。桥下水流湍急，四周树木葱郁，所表现的季节应在万物生长的春季。《万寿图》则以墨线勾绘，桥栏填红色，桥板南北向铺设，桥头两端有汉白玉条石拼接，万寿庆典的路线穿过桥闸而前行，岸边周围簇拥着众多参加庆典的官员、侍从和演职人员，画面描绘的是冬季，画面树枝光秃，长河已因严寒而结冰（图5）。结合两幅作品的不同绘制方式、表现方位，与广源闸历史记载相互印证，可作为研究广源闸历史用途和变迁的重要资料佐证。

图 2 《万寿图》中的西四牌楼

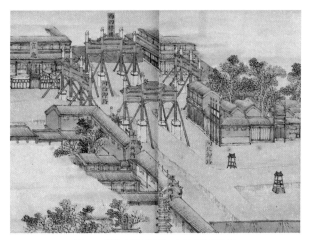

图 3 《香山路程图》中的西四牌楼

图 4 《香山路程图》中的广源闸

图 5 《万寿图》中的广源闸

图 6 《香山路程图》中的颐和园东宫门

（3）颐和园东宫门

在《香山路程图》与《万寿图》图中都能看到颐和园（清漪园）东宫门的基本建筑形式（图 6、图 7），两幅作品各有绘制特点，能清晰分析出清漪园和颐和园建筑的时代特征。东宫门牌楼在清漪园时期为"四柱三间三楼"，颐和园时期改为了"四柱三间七楼"，东西向坐落，前后檐有龙凤透雕花板，匾额上的字前后调换位置，东侧改为了"涵虚"，西侧改为"罨秀"。《香山路程图》中的东宫门牌楼正在重建中，与颐和园重修《工程清单》中清光绪十八年

图 7 《万寿图》中的清漪园东宫门

（1892年）年底至光绪十九年（1893年）十一月重修东宫门牌楼的历史档案在时间上吻合，亦可作为路程图绘制时间的判定佐证之一。虽东宫门建筑绘制角度和方位不同，但在两图中这段路程的行进方向相同，并没有发生根本变化。

除此之外，两图中还有各绘有两处文昌阁建筑，文昌阁为清乾隆十五年（1750年）建造，1860年被英法联军烧毁，清光绪时期重建，重建后由三层阁楼降为二层，两幅图中对应绘出文昌阁在清漪园和颐和园两个时期的不同建筑形式。

（二）艺术风格与特点比较

在艺术风格方面，《香山路程图》和《万寿图》突出表现了清代宫廷绘画法的发展进程。《万寿图》是在清乾隆皇帝的主持下，在乾隆十六年（1751年）崇庆皇太后六旬万寿庆典前，绘制了皇太后从清漪园返回紫禁城时，沿途街道搭建亭台，张灯结彩，官民夹道迎驾，举国欢庆的场景。该卷是由宫廷如意馆画家丁观鹏、张廷彦、张镐与苏州画画人共同奉旨完成，构图精细，敷色明丽，建筑雕梁画栋，更以泥金细笔点染，是为清代盛时宫廷绘画的绝佳上品。《香山路程图》为佚名作品，从风格、笔法以及绘画规制来看，应同样出自宫廷画师之手，但就晚清宫廷艺术水平而言，确实与清代中期宫廷绘画有一定差距，但其笔法柔美、构图饱满、精细明朗，是晚清宫廷绘画的精品之作。通过两幅作品的艺术风格比较，亦可表现出作品在局部画法、风格特征等方面的相互影响和借鉴，具有一脉相承的关系。

1. 建筑画法

在《香山路程图》和《万寿图》两幅作品中都绘有大量建筑景观，包括园林、宫苑、寺庙、民居、军营等等。《香山路程图》中的建筑主要分布在御道南北两侧，北侧建筑为临街正向门面，其中较为精美且

十分重要的景观建筑，如万寿寺、延寿寺，两寺历史悠久，绘制精密，结构严谨，建筑细部构件描绘得更是细致入微，建筑上贴黄色签题，正楷书写建筑名称。南侧建筑以俯视角度绘制，绘有建筑后墙或屋顶（图8）。在空间上，从南至北建筑用俯角和正向两个方位在画面上形成了视觉的纵深感，中间以御道贯

图8 《香山路程图》中关于建筑的描绘

穿，形成作品的空间结构。画中建筑物的描绘更是将传统山水画"三远"中的景物逐渐后移的画法，熟练运用到建筑与街市的构成关系中，也就将图画上的二维平面转化成为具有纵深效果的三位空间。《万寿图》中建筑更为精美细致，不仅采用中国传统建筑界画的画法，在图中还描绘了不少西洋建筑，融合了欧洲绘画艺术的技法（图9）。就界画本身的发展来看，清代以来这种以界尺绘制建筑结构的画法已日渐衰落，虽

在清中期时袁江、袁耀父子大力推动其发展，但界画艺术早已不成气候。清中期宫廷绘画艺术在欧洲传教士的大力推崇和融合下，开始盛行线法画，尤其是在乾隆时期，西洋画法已将透视的焦点从画中延伸至画面外，形成了更具纵深效果的空间结构。晚清时期，线法画艺术虽然没落，但其技法对清宫建筑艺术影响深远，从《香山路程图》中所绘建筑亦可窥见出中西融合的艺术画法，在传统建筑画法上的略微调整，焦

图 9 《万寿图》中关于建筑的画法

点以散点透视的方式呈现，创作者的观察点不在一个固定的地方，不受视域限制，是以多空间、多角度、多思维的构图方式，将创作者所见景物建筑，随着路程的行进逐一描绘在画作中。

2. 自然景观画法

除建筑、街市、御路以外，在《香山路程图》和《万寿图》两幅作品中自然景观的点缀必不可少。两图中自然景观丰富，绘有古树、云层、天空、河流、稻田等等。《万寿图》中古树描绘精美细致，丰盛繁茂，种类丰富，点缀在建筑中，增添画面的景观艺术效果（图10）。古树在《香山路程图》中数量占比较多，从开篇北海景观看，沿河岸堤绘有垂柳飘扬，或单株，或二、三株一簇簇种植在堤岸边，远处小树植被以绿色叠染（图11）。这类叠染式的画法既在场景上起到突出树木数量众多的作用，又点缀填补了空白画面空间。再如颐和园北宫门外的松树畦，为表现成片松树林，采用前面绘制几株主松，后面成片松树则

图10 《万寿图》中关于树木的表现

图11 《香山路程图》中关于树木的表现

画出树干，用绿色斜点染出成片松枝，再以墨点画出分枝叠加的效果，以表葱郁繁盛之态。

《香山路程图》和《万寿图》两幅作品中的云层绘制也十分精细，但其实质是脱离了云层的实际作用，更多是作为画面的点缀和装饰出现。如两幅作品中都有横向条状云层带，穿插在远景的古树林中，既能突显古树的枝繁叶茂，又表现了古树在云层中的隐现，在画面远景中形成了一个简单的前后空间关系，增加画面的纵深感。在《万寿图》"川至迎长"卷开头则是以大片卷云引入画面主题，云层的作用是引入开篇场景，避免画面景观突兀出现，画面缺少意境美感（图12）。《香山路程图》中用云层遮挡房屋建筑，从而减少绘制大片重复建筑，影响画面丰富多变的艺术效果，用大块的云层装饰点缀后，御道南侧建筑在云层中显现，突出了主体建筑，避免画面的重复刻板（图13）。

河流因季节的不同变化，在两幅图中的艺术表现各具千秋。在《万寿图》"川至迎长"卷中绘制有整条长河，河水已冰冻，人物在冰上行走，因此画面并没有绘出河水流动的状态（图14）。而《香山路程图》中的水流绘制则丰富生动，如金鳌玉蝀桥下缓缓流动的水波，北海岸堤边被春风拂轻的水流，历代帝王庙附近桥下平滑的纵向水流，还有广源闸和青龙桥闸下湍急的水花，图中水的表现形态多样，寥寥数笔，形神兼具，极具特色（图15）。

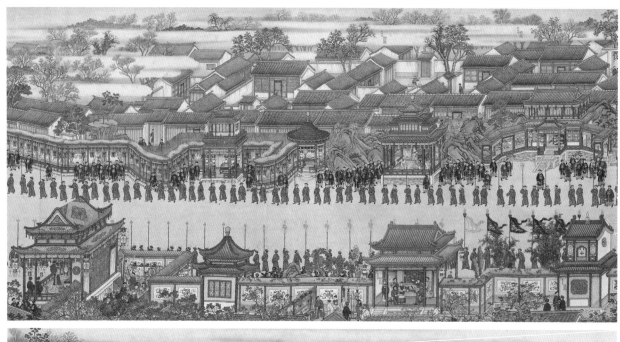

图12 《万寿图》中关于云层的画法

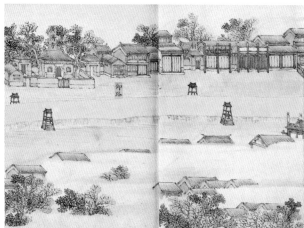

图13 《香山路程图》中关于云层的画法

通过比较分析，可知《香山路程图》与《万寿图》两幅作品在绘制形式上有一定继承和传承关系，通过艺术表现和绘制手法方面的比较，能够真实映证出清代宫廷绘画从清中期到清晚期艺术风格与表现形态的发展与演变关系。

三、《香山路程图》的艺术创新及价值

（1）从《香山路程图》的笔墨技法、艺术风格、绘制形制等方面来看，作品上虽未明确标注出何人创作，但其创作群体确定无疑为晚清宫廷画家。与《万寿图》相比，构图、笔法、规模、形制都相对逊色，但也不乏诸多创新表现。《香山路程图》在笔法上打破了固有传统绘画形式，笔法俊逸、构图清朗、中西融汇、绘制精准，既有舆图地理上的准确、直观、便捷的特点，又在艺术表现上兼具了纪实效果，具有从繁杂和刻板趋向于简约和灵活的绘画艺术特性。

（2）从画面的构图角度来说，《香山路程图》以散点透视的表现方式绘制，焦点随着御道的前行而自由转换。画面上没有人物活动，但在画面之外总是

○七八 — ○七九 —

The Summer Palace 2024

◇ 12 ◇

清代《香山路程图》艺术分析
——兼与《崇庆皇太后万寿庆典图》之比较

颐和园

图 15 《香山路程图》中关于河水的画法

图 14 《万寿图》中关于河水的画法

以人为视角，使观者随着画面景观转移，沿途走过自北海福华门至香山静宜园的整个路程。作品笔墨重点放在各处景观与行走御道的描绘中，除了一个站在船上穿官服的人物形象之外，其他人的视角始终都分散在画面之外。在众多景观、一步一景、情节关系等方面，人物视角与画面景观之间的动态转换，可证明这种"画外音""画外景"的绘画方式更多来源于西方艺术对中国绘画的深层影响，这也是这幅作品最难能可贵的地方，更是研究晚清宫廷艺术发展和舆图艺术风格的重要资料。

（3）《香山路程图》不同于传统意义上的舆图或游览地图，它的创作在一定程度上是帝后审美取向的体现，但晚清时期绘制如此精美、细致的游览线路图，其意义不仅是为了提前规划出行路程，更展现了统治者深层的政治、文化内涵。尤其是在社会动荡的晚清时期，《香山路程图》所绘制的城内繁华街市、郊外丰茂稻田、香火旺盛的寺庙、戒备森严的军营，这些内容是为展现清王朝的盛世升平、政通人和、物阜民丰的社会形态，更是为了彰显晚清统治者的文治武功和勤政爱民的政治理念和思想。

参考文献

[1] 于敏中.钦定日下旧闻考[M].北京：古籍出版社，2000.
[2] 白鸿叶，翁莹芳.寸方古今 图呈万象——国家图书馆藏古旧舆图研究[M].北京：中国社会科学出版社，2021.
[3] 任昉霏.石路与万寿点景——《颐和园至西直门路程图》解析[M]//白鸿叶，翁莹芳.寸方古今 图呈万象——国家图书馆藏古旧舆图研究.北京：中国社会科学出版社，2021.
[4] 刘潞.《崇庆皇太后万寿庆典图》初探——内容与时间考释[M].故宫学刊，2014.
[5] 中国第一历史档案馆，北京市颐和园管理处.清宫颐和园档案[M].北京：中华书局，2015.
[6] 林姝.崇庆皇太后的万寿庆典图[J].紫禁城，2015（10）.

注　释

❶ 《香山路程图》实际页数共计八十页，其中卷首两页为香山路程二十三段里程计数目录，后七十六页为连贯性绘画，最后两页为空白页。
❷ 《四川湖北水道图》原件藏于美国国会图书馆，是汉莫尔1934年购买后存入该馆，原件没有名称，该图书馆初定名为《岷江图说》，北京大学李孝聪教授发现后，将其命名为《四川湖北水道图》。
❸ 《四川湖北水道图》中用文字标注了各驿站名称及相间距离的详细里程计数。

13 探求北京建设 "花园城市" 的 重要意义

郭　婧　李嘉欣

2022 年 3 月和 2023 年 4 月，习近平总书记在参加首都义务植树活动时，先后两次对北京城市绿化工作作出重要指示，要求"把首都建设成为一个大花园"。与此同时，北京城市建设已经进入转型提质新阶段，市民对绿色开放空间的关注度越来越高、需求越来越多元。如何更好地理解习近平生态文明思想，推动城市高质量发展，增加人民的获得感和幸福感，有必要借鉴国内外相关经验，结合北京城市特色和文化内涵，理解和探求北京"花园城市"建设的重要意义。

一、"花园城市"文化渊源深厚、实践探索广泛、语境内涵丰富

按照《辞源》中的解释，"植蔬果花木之地，而有藩者"为"园"。皇家园囿、府邸庭院、民宅小院，皆可称"园"。在我国古代，造"园"一直与营城、修宅等密切结合在一起，给古人的生活环境和审美情趣带来深刻的影响。这一点在古代文学作品中多有展现，如"人道我居城市里，我疑身在万山中""隔断城西市语哗，幽栖绝似野人家"体现了古人对人、城、自然融合的向往；"庭院深深深几许，杨柳堆烟，帘外无重幕""无言独上西楼，月如钩，寂寞梧桐深院锁清秋""曲径通幽处，禅房花木深"等，都是对"园"的生动描写，饱含了中华传统审美情趣。造园，

与古人的起居、社交密切结合，与当时的政治、经济、社会等发展息息相关，是中华优秀传统文化的重要组成部分。

在西方 18 世纪末，霍华德在 *Garden Cities of Tomorrow* 中提出了"花园城市"（也有称"田园城市"）的概念和理论体系，以大城市病治理为目标，通过城市与社会改革达成城乡融合格局——"人们既能在城市的广场上与喷泉尽情地玩耍，与家人在公园的草地上愉快地野餐，走在整齐的街道上欣赏沿街的花园住宅，也能感受乡野微风拂面，呼吸新鲜空气"，生活在花园城市就应仿佛置身于一个花园中。

在近百年，诸多城市围绕着"花园城市"理念展开了丰富的建设实践。新加坡在 1963 年建国时提出了"花园城市"的定位，并于 21 世纪初进阶到"花园中的城市"；伦敦、巴黎、东京等国际大都市，则通过绿带、绿环等大尺度绿化构建城市绿色空间架构，开展多元绿化建设实践，21 世纪以来，伦敦的城市绿带建设成为全球典范，伦敦被誉为世界上第一个国家公园城市；还有城市则通过建设标志性绿色空间节点，打造城市门户或品牌，例如纽约的中央公园、明尼阿波利斯的"蝴蝶"等。在此过程中，许多城市围绕绿色空间的活化利用探索了相关政策，例如日本出台了《都市公园法》修正案，推行 Park-PFI 制度；费城建立了涵盖资金、管理、实施、运营、维护等各方面的"绿色行动计划"；明尼阿波利斯成立了公园

森林城市　　　　　　　　公园城市　　　　　　　　花园城市

图 1　森林城市、公园城市、花园城市图

和娱乐委员会（MPRB）；巴黎推行"人人可参与的自然活动"，自下而上地推进城市自然空间建设。

在国内的实践探索中，相继出现了"森林城市""公园城市""花园城市"等多元概念，在语境和内涵上各有特色（图 1）。从字面上来理解，"森林城市"强调生态性，以森林为主体，夯实城市大生态基底，目的是让城市建设与自然环境和谐相生、可持续发展；"公园城市"侧重服务性，以市政公园为主体，提升城市绿色休闲空间的供给和服务，目的是让城市生活中增加惬意的绿色空间；"花园城市"侧重城市特色内核，以全域空间为对象，提升城市宜居度，目的是让人随时感受美好，塑造"栖居林田中、行走绿荫下、坐卧花草间"的城市整体意象。

从国内城市的实践看，成都、深圳、上海、广州等均基于自身特征进行了特色化的应对，例如以绿环或绿带等大体量城市绿色活力空间牵引城市格局的演变，拓展新的发展空间；统筹联动各类绿色空间布局，挖掘城市非建设空间的多元价值；提升城市绿色空间的开放性和功能复合性，提升城市宜居环境的质量；挖掘和展示绿色空间的特色，激发城市文化活力。

二、北京历代都城建设始终以整体性思维规划城市、水系和园林，贯彻了传统生态理念与自然美学思想

北京，地处华北大平原北端，西倚太行山、北靠燕山，拒马河、永定河、北运河、潮白河、泃河五大水系穿城而过，东南至华北平原、西北达蒙古高原、东北接辽西走廊；中原汉族农耕文化、西北蒙古族游牧文化、东北契丹文化与女真族游猎文化在此交汇；历任辽金元明清五代都城，现为中华人民共和国首都。特殊的地理环境、丰富的文化背景和独一无二的历史地位，造就了北京地区的园林文化与特色。

中国自古以来注重在城市建设中统筹考虑城市、山水、园林之间的关系，追求天人合一和理想人居环境，这一传统生态与自然美学思想也指导了北京老城建设和园林文化发展。回溯北京园林文化发展，可谓历史悠久。在古代，北京即是多林地区，林木葱茏、风光秀丽❶。在春秋战国时期，燕都蓟城便有了北京最早的园林，历经金中都、元大都、明北京三朝建设，在清北京时期达到顶峰（图 2）。清代北京从水系整治出发，有计划、有步骤地推进城市园林化建设，

图 2　明清北京城的山水花园城市意向图

通过内廷宫苑、皇城御苑、西北郊园林及城市水系沿线大小私园的营建，使都城内外普遍园林化，又以行宫园林形成的风景道以线带面完成宏观区域尺度下的全方位园林化，几乎达到了"城中之园，园中之城"的理想状态，是中国传统文化中"天人合一"极致理想的空间展现❷。

从这一建设历程可以看出，与西方"早期建设帝王宫苑、后期增建公园丰富城市环境"的方式不同，北京始终以整体性思维同步规划城市、水系（水利）和园林，统筹考虑民生、景观、生态等多种因素。

历经千余年，北京园林以宫城和皇家园囿建设为主线，伴随着坛庙园林、寺观园林、陵园、宅园以及风景名胜区等丰富多元的园林艺术形式，留下大量的历史场所和遗存（图3、图4）。据初步统计，北京现存皇家园囿和行宫40余处，坛庙园林约10处，寺观园林20余座，陵园10余处，宅园近20处，风景名胜近10处。这些场所在历史上曾用于皇家、达官贵人、平民的日常休闲、出行游赏、祭祀等活动，在今天也已经成为人们休闲游赏、四季观光、节庆活动的重要目的地，是北京"花园城市"建设的重要资源。

图3　（清）弘旿《京畿水利图（局部）》所绘清乾隆时期以昆明湖为中心的园林、水系和农田景象（图片来源：中国国家博物馆）

图4　（清）张廷彦《崇庆皇太后万寿庆典》所绘清乾隆十六年（1751年）皇太后六旬庆寿时长河两岸的自然和人文景象

三、新中国成立 70 余年的首都园林绿化规划历程，是以人民为中心的持续探索

新中国成立之初，北京的园林绿化基础较为薄弱，天然次生林面积仅有 2 万多公顷，森林覆盖率仅有 1.3%，公园绿地总面积不到 800 公顷。面对这样薄弱的基础，经过历版总规和绿地专项规划的不断探索，持续推进首都园林绿地建设，到今天已经形成了生态基础坚实、宏观布局成熟、文化特色显著的绿色空间基底。至 2022 年底，全市绿地面积达到 9.33 万公顷，森林覆盖率达到 44.8%，城市绿化覆盖率达到 49.3%，人均公园绿地面积达到 16.63 平方米，全市公园总数达 1050 个。

不同于古代以皇家园囿和私家园林为主体的建设模式，新中国成立后的园林绿化工作更加注重园林绿化空间的公共性和系统构建。

在公共性方面，园林绿化工作一直秉持为"人"服务的原则。新中国成立之初，便重点组织了颐和园和圆明园附近，以及洼里、水碓、龙潭湖、先农坛、陶然亭、玉渊潭、紫竹院、莲花池、八宝山等地段，结合山丘、洼地、坑塘、苇塘辟建一批人民公园，并借鉴苏联经验，按服务半径及定额指标安排各级、各类园林绿地，布局服务范围均等、广泛的城市绿地系统。1985 年，提出打造"五个一"③工程，即一个公园、一条街道、一个片林、一个花园式单位、一个居住区，全方位提升人民城市绿化环境质量。到 20 世纪末，随着经济发展和人民生活水平提高，绿化工作更加深入人民群众身边，结合文物古迹开展特色绿化工作，结合明清宅园和危旧平房改造，辟建"袖珍式""盆景式"的小巧精致的花园。进入 21 世纪，一系列大型开放公园陆续建成，包括为迎接奥运会建成的奥林匹克森林公园、丰台园博园、延庆世园公园、东郊湿地、玉东、南海子、绿心、温榆河公园等郊野公园，这些公园都成为今天广受欢迎的绿色开放空间。

在系统构建方面，在建国初期确定了"大范围扩大园林绿地面积"的总体思路，通过在山区营造大森林、防护林和苗圃，在城区建设一批公园、开展道路建设和河流绿化建设等，夯实了绿化基础。1958 年，在中央"大地园林化、城市园林化"总体思路指导下，北京提出"环状 + 放射走廊"绿化骨架（以城墙和护城河为基础建成宽阔的环形绿地，串联附近公园，并与通向城郊的绿色走廊相衔接④）。后来，这一骨架向着城乡一体、内外连通的方向演变，扩大为"老城区—近郊区—远郊区"层次分明的市域空间结构，并进一步深化为"山区—平原—市区"空间结构。在系统构建不断完善过程中，滨水空间一直是重要的城市绿化组成部分，河湖水系始终是绿化格局发展的重要脉络，"楔形走廊""绿化隔离地区"等重要骨架区域建设也逐步成型。在《北京城市总体规划（2016 年—2035 年）》中，对城市绿化格局进一步梳理提炼，提出了"一屏、三环、五河、九楔"的市域绿色空间结构。

回望 70 余年的首都园林绿化规划历程，随着绿化基础越来越坚实，规划理念从单一、城乡分割的布局方式逐渐转变为城乡一体、内外连通、多层次、多类型、多功能的生态绿地系统；从注重绿地的使用功能到突出强化绿地的生态功能再到注重绿地的复合功能评价；从建设用地优先、绿地填补空隙、见缝插绿到生态优先、绿地优先⑤。其间，先后出现了"大地园林化、城市园林化""花园式文明城市""国家园林城市""森林城市"等概念，皆是当时建设理念的生动体现。当前，"花园城市"理念的提出，是对过去 70 余年首都园林绿化经验的集大成者与高度凝练，是历史的继承与创新。

四、北京"花园城市"的提出具有深远意义

"花园城市"的提出意义深远，是落实习近平生态文明思想、落实"把首都建设成为一个大花园"指

示精神的重要工作，是践行人与自然和谐共生的现代化的北京方案。应深刻把握城市历史经验和发展规律，汲取中华优秀传统生态文化的思想智慧；既要挖掘、传承北京自然山水格局和古代营城智慧，也要继承、创新 70 年首都园林绿化工作，更应面向人民群众向往美好生态环境的愿望，推动全社会参与和精细化治理。

第一，"花园城市"的建设是挖掘、传承北京自然山水格局和古代营城智慧的宝贵契机。古都北京依山定址、以水定城、以园兴城，是中国古代追求天人合一的理想人居环境的生动展现，体现了"平地起蓬瀛，城市而林壑"的高度完美境界，城、园融合的整体性思维贯穿始终，这正是古代中国城市与西方城市在营建模式上非常显著的差异。据北京市园林局 1991 年的统计数据，西苑三海、南苑、西郊三山五园等皇家园林绿化地面积占北京市区及城近郊区所有城市公共绿地总面积的 60%，水体面积则占 85% 以上，其中昆明湖占水体总面积近 50%，西苑三海占近 1/4。除此之外，还有大大小小的历史名园、王府花园遍布京城，老城中寻常百姓的四合小院也是高度绿化的。可见，古代园林绿地和水体在当代北京城区生态系统中占据重要位置已是不争的事实。因此，北京提出建设"花园城市"，不仅仅是对城市生态水平和绿化环境的有效提升，更是对北京自然山水格局和中国古代营城理念的有力传承。

第二，"花园城市"是对 70 年首都园林绿化工作的继承、创新，是推动生态文明建设和城市高质量发展的重要载体。早在 1958 年，毛泽东同志作出"大地园林化"指示，要求"农村、城市统统要园林化，好像一个个花园一样，都是颐和园、中山公园"，为首版北京总规的擘画确定方向。北京在其后的历版总规中，不断推进和优化"城绿格局"的演变，至《北京城市总体规划（2016 年—2035 年）》确定了"一核一主一副、两轴多点一区"的城市空间结构和"一屏三环五河九楔"的绿色空间布局，花园城市的轮廓初见雏形。至 2021 年，北京森林覆盖率 44.6%，城市绿化覆盖率 49.29%，人均公园绿地面积 16.6 平方米，公园绿地 500 米服务半径覆盖率达 87%，北京正在从森林城市走向全域森林城市，城市公园体系日臻完善。可以说，北京建设"花园城市"已经具备了良好的基础条件，在新版总规确立的绿色空间布局之下，"花园城市"是面向生态文明建设和城市高质量发展开展的进一步创新探索工作。

第三，"花园城市"是对人民群众向往美好生态环境的积极回应，是构建和谐宜居之都的重要举措。不论是中国古代的造园文化，还是 18 世纪末霍华德提出的"花园城市"理论模型，都体现了"花园城市"始终是全世界人民追求理想生活环境的共识。从各大城市的实践中亦能看到，"花园城市"建设不仅仅促进了物质环境的提升，还能激发城市空间的文化效益、社会效益和经济效益等。过去几十年，空气质量、水资源环境、生物多样性等生态环境质量全面提升，生态意识已经多维度融入市民感知。随着城市发展和生活水平进入新的阶段，人们越来越向往亲近自然，对生活环境的要求越来越高，"花园城市"需进一步探索人、城、自然融合的新模式，从而在生态功能和绿化环境质量极大提升的基础上，进一步激发城市文化自觉、凝聚城市社会共识、创造城市美好功能。

五、北京"花园城市"建设的几点思考

北京的"花园城市"建设是落实城市总规的重要任务，也是体现以人为本、构建和谐宜居之都的重要举措。应从宏观战略意义实现、规划体系构建和实施推动等方面多层次地推动相关工作，推动城市生态文明建设和城市高质量发展。一是构建"花园城市"的多维价值内涵体系，在全社会凝聚共识，进一步提高对"花园城市"的文化、美学、社会、经济、生态等多维价值体系的认识。二是构建"花园城市"的空间格局，牵引城市功能优化，综合考虑空间结构、绿色空间布局、四个中心功能布局等，构建北京全域"花园城市"空间格局。三是完善"花园城市"的规划体系，推动各级各类规划的高质量编制，紧密衔接国土空间规划的编制与实施体系、城市更新条例的实施要求，建立"花园城市"规划技术体系，引领各层级、各类型规划的科学编制。四是创新"花园城市"的政策体系，推动共建共治共享。"花园城市"建设是人民美好生活的重要落实途径，正在从追求数量向追求质量转变，从追求生态效益向追求综合效益转变，从单一化的建设养护工作向多维创新模式转变。急需加强社会参与，倡导人民花园人民建，加强精细化治理，丰富城市绿地运营管理模式，增加资金来源途径，创新规划政策、土地政策、金融政策、运营政策等，提升"花园城市"规划、建设、管理、运营全生命周期的创新活力。

注 释

① 两汉时期，史书记载：燕有枣栗之饶。北魏郦道元在《水经注》一书中，描述居庸关一带为"山岫层深，侧道偏狭林障邃险，路才容轨，晓禽暮兽，寒鸣相和"。

② 张春彦、王玫、王其亨，《平地起蓬瀛，城市而林壑——清代北京城市园林化营建研究》，《中国园林》，2022年，第38卷，第一期，第14~19页。

③ 北京市委、市政府，《关于进一步加快首都绿化、美化建设的若干补充规定》，1985年。

④ 北京市地方志编纂委员会，《北京志·城乡规划卷·规划志》，北京：北京出版社，2000年。

⑤ 吴淑琴，《北京城市园林绿地系统规划20年》，《北京规划建设》，2006年。

参考文献

[1] 郦道元.水经注 [M].陈桥驿，叶光庭，叶扬，译.北京：中华书局，2020.

[2] 北京市地方史志编纂委员会.北京志·城乡规划卷·规划志 [M].北京：北京出版社，2000.

[3] 北京市地方史志编纂委员会.北京志·市政卷·园林绿化志 [M].北京：北京出版社，2000.

[4] 中共北京市委，北京市人民政府.北京城市总体规划（2016年—2035年）[M].北京：中国建筑工业出版社，2019.

[5] 吴淑琴.北京城市园林绿地系统规划20年 [J].北京规划建设，2006（5）：62-66.

[6] 石晓冬，和朝东.回溯总体规划历史上发挥的关键作用 展现首都规划建设大国首都的责任担当 [J].北京规划建设，2021（6）：6-18.

[7] 张春彦，王玫，王其亨.平地起蓬瀛，城市而林壑——清代北京城市园林化营建研究 [J].中国园林，2022，38（1）：14-19.

[8] 成都市公园城市建设领导小组.公园城市 [M].北京：中国发展出版社，2020.

[9] 深圳市规划和自然资源局，深圳市城市规划设计研究院股份有限公司.深圳"山海连城计划"城市设计 [Z]，2021—2022.

[10] 上海市人民政府.关于印发《上海市公园城市规划建设导则》的通知 [EB/OL].（2023-01-02）[2024-06-01].https://www.shanghai.gov.cn/gwk/search/content/50d0dffe-a7eb-4fcf-a92f-d05b75cb1339.

[11] 广州市林业和园林局.关于推进广州市公园城市建设的指导意见 [EB/OL].（2023-01-31）[2024-06-01].http://lyylj.gz.gov.cn/gkmlpt/content/8/8781/post_8781400.html#1023.

14 中国古代兰亭文化探析

韩淼淼　严　雨

北京文化艺术基金2023年度艺术人才培养项目"三山五园园林艺术传承与数字再生高层次人才培养"项目科研成果。

引言

　　兰亭文化作为中国古代文人雅集文化的典范，深刻影响了中国艺术、文学和园林设计的发展，其影响延续至今。它起源于魏晋时期的文人风雅之举，通过诗文、书法、绘画等形式体现出文人对于自然美与精神自由的追求。尤其是在《兰亭集序》及王羲之的影响下，兰亭文化不仅在魏晋风流中占据重要地位，还为后世的文化艺术创作提供了丰厚的素材与灵感。

一、兰亭文化之滥觞

（一）兰亭文化产生的社会文化背景

　　宗白华在《美学散步》中提出："汉末魏晋六朝是中国政治上最混乱、社会上最苦痛的时代，然而却是精神上极自由、极解放，最富于智慧、最浓于热情的一个时代，因此也就是最富有艺术精神的一个时代。"魏晋之际动荡不安的政治时局、连年的战争以及瘟疫的大流行使文人开始从关注政治走向关注生命，摒弃世俗凡物，探索人生真谛。人生命的脆弱使知识分子第一次认真思考人生的意义，这也为后来魏晋空谈玄学，沉迷于宇宙有无真谛，而抛弃人间的具体事物，创造了现实主义的土壤。礼教和人性之间爆发了激烈冲突，也引发广大文人对于人性的思考，从而产生一系列重要的思想转

向，很多文人贤士试图通过归隐自然，来避开世事之浑浊。魏晋南北朝时期的很多名人雅士，都试图摆脱世俗的混乱，而更加追求精神层面上的宁静，修佛礼禅取代了对功名利禄的追求成为很多文人的选择。他们绝意于仕途，而开启了自我意识的觉醒之门，将自身融入自然天地之中，形成独特的感物美学与审美观，寄情山水成为盛行一时的思想观念。在当时的社会环境中，古人的自然山水审美观已经发生重大变化，其不再执着于功利性和神秘性的审美取向，而是追求一种理想化的人生境界，探索实现自由觉悟的发展路径，山水景观不再仅仅是自然景观，而是演变成独立的审美主体。在这一时期，山水景观"应物斯感"，是文人墨客体悟人生思想的重要载体，文人墨客也摆脱了儒家思想上的道德约束，正所谓"越名教而任自然"。曲水流觞的神秘色彩也逐渐消解，打破了传统的礼教桎梏，进入一种更加自由自觉的境界。这种山水审美意识的转变促使处于动乱时代的魏晋士人热衷于游历，去营造独特的山水景观，将文化活动以山水景观的方式展开，极大地推动了山水文化的发展，并推动山水文化成为中国传统文化的重要组成部分。

（二）上巳节褉事

　　上巳节历史悠久，早在春秋时期便已在民间广泛流行。《周礼》与《诗经》中均有关于上巳节的记载，

其中最核心的活动是"袚除衅浴"，即通过沐浴来袚除不祥。作为古代信仰和岁时文化的重要组成部分，上巳节的习俗得以延续至后代，形成了持续不断的影响。汉代的上巳节风俗，宗教的神秘性贯穿始终，"媚神"与"娱神"是节日活动的主导思想。

魏晋时期上巳节的袚事活动由民间的踏青郊游转化为文人集会、临流饮酒赋诗的固定形式。魏明帝曹叡（204—239年）曾于天渊池南设流杯石沟与群臣饮宴❶。可知在魏时，上巳节已成为文人宴饮集会的节日。此后上巳节成为时人尤其是士大夫们聚集在一起寄托情怀、抒发情趣甚至肆意玩乐的节日。本来是禳灾去秽的上巳节，变成了高朋聚会、游戏水边、清谈赋诗的佳节良辰；对水的崇拜，渐渐被"戏水""玩水"的游乐风气所取代，文人或"执兰沐浴"，或"张乐于流水"，或"曲水流觞"以酣饮。南朝梁庾肩吾："百戏俱临水工钟共逐流。"魏晋时期君臣文人将上巳节视为彼此共同的春游雅集之日。秦汉时期"曲水流觞"的内涵在魏晋时期已经开始由"祭游"民俗活动转向"雅游"集会活动，既继承了过去人们在水边被除宿垢的古老风俗，也加入了聚会宴饮作文赋诗的新风尚，成为魏晋以后文人雅士在"曲水流觞"处宴游雅集的滥觞。

（三）兰亭雅集

兰亭雅集的活动形式受到西晋金谷园雅集的影响。根据《世说新语》记载，西晋元康六年（296年）石崇在金谷园举行盛宴，邀30位名士为文酒之会，与会宾客赋诗，录为《金谷集》，石崇作序《金谷诗序》。这种"笔会式"的文人名士集体创作之举，对后世产生极大影响。

关于兰亭雅集事件，在《世说新语》对王羲之《临河叙》所引中可见，晋穆帝永和九年（353年）农历三月初三，上巳佳节，王羲之（303—361年）与孙统、谢安等名士聚集在会稽郡山阴县之兰亭，进行"流觞曲水"的修禊活动。其活动与金谷园文酒之会相似，文人若不能成诗则需饮酒。《临河叙》中记载："右将军司马太原孙丞公等二十六人，赋诗如左，前余姚令会稽谢胜等十五人，不能赋诗，罚酒各三斗。"❷由此注可知，在兰亭雅集中，参与者共计41人，有26人作诗，15人因为没有作诗而罚酒。在兰亭修禊中，王羲之被推为《兰亭集》作序，相传王羲之酒酣之际，即兴挥毫，以行草书法写下了兰亭雅集的序文（图1）。兰亭雅集因其包含一系列的文化活动，即饮酒赋诗的文学创作活动、书法创作活动紧密结合、相互贯连，成为文人雅集的代表模式；在后世被不断发展中形成了"兰亭文化""曲水流觞"。"修禊雅集"虽非"兰亭雅集"所创，但因王羲之及其书法的盛名，以及其浓郁的文人雅集氛围，在后世被冠以"兰亭"之名。

综上所述，社会的动荡与士人避世思想的兴起，促使文人对山水的审美意识逐渐觉醒，进而引发了文人通过山水遣情抒怀的文化现象。在魏晋时期，士人

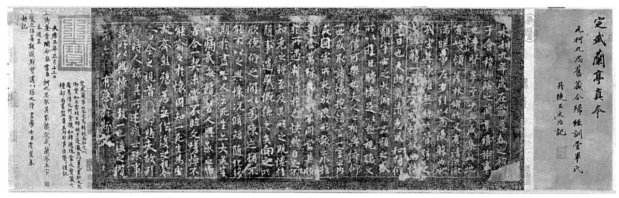

图1　晋 王羲之《定武兰亭真本》（局部，图片来源：台北"故宫博物院"）

崇尚自然园林的营造，并在自然山水中追求"天人合一"的境界，这种审美取向为王羲之的创作提供了精神土壤，使他能够通过山水寄情，体悟个体生命与宇宙哲理之间的关系。上巳节的禊事作为一种古老的宗教活动，在魏明帝曹叡时期的记载中已出现"流觞曲水"文会形式。不论是禊事、文人雅集，还是"流觞曲水"，这些活动在魏晋时期已广泛流行，并非始于王羲之的兰亭雅集。

（四）《兰亭集序》

关于《兰亭集序》的文本内容，目前仍存在争议。南朝《世说新语》刘孝标注文引的《临河叙》153字，而唐代《晋书》引的《兰亭集序》比《临河叙》多了"夫人之相与……岂不痛哉！"共200字。《晋书·王羲之传》收录了完整的《兰亭集序》，《临河叙》则被保留在了《世说新语》里。目前的主流观点是《临河叙》是东晋永和九年（353年）三月初三修禊当日所作诗集序，而后来加入了更多思考内容和涂改痕迹的《兰亭集序》，基本上是在《临河叙》的基础上进行的扩展。

《兰亭集序》作为经典传承之作，整篇作品脉络层次清晰，主次分明（图2）。文章不仅描绘了优美的自然景色，渲染了盛大的集会氛围，而且解释了事件的来龙去脉，表达了自己的情感观点，并在写景叙述当中进行了思想升华，融入了作者对生命的感悟，在悲与喜两种极端的情绪互相转化之中感知到生命的意义和价值，从而凸显作者人格魅力。整篇文章的起始阶段，就将写景和叙事相结合，在景观描绘的同时，自然流畅地衔接到"所以游目骋怀，足以极视听之娱，信可乐也"，将整个氛围定调为"乐"字。之后，不由自主地发起对于人生的思考与感悟，情感由表面的欢乐转向对生死的深沉思索，最终在"古人云：'死生亦大矣，岂不痛哉'"这一"痛"字上达到情感的高潮，反映了东晋文人内心的矛盾与冲突。在文章结尾，王羲之通过"兴感之由"为兰亭集作序点题，在文章的结尾，王羲之将生命之感悟归结为"固知一死生为虚诞，齐彭殇为妄作"，彰显出一种澎湃的生命意识，有机统一了"信可乐也"和"岂不痛哉"两种极端相反的情绪。

王羲之在上巳节文人雅集中感受集会之娱，在自然山水胜境中"仰观""俯察"享受耳目的乐趣，在玄游于山水之间感受到"物"与"我"的统一交融，

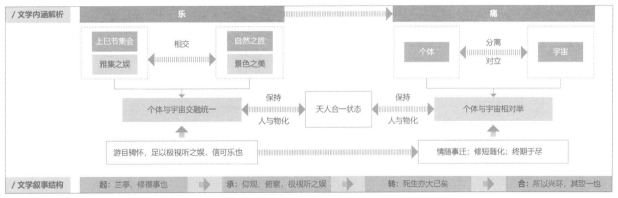

图2 《兰亭集序》文本内涵分析

图3 唐 冯承素《冯承素行书摹兰亭序卷》（图片来源：故宫博物院）

达到了天人合一的和谐状态，快乐至极。但他从天人合一的状态中分离出来，个体与宇宙分离相对举时，宇宙的无限与个体的有限引发王羲之的对人事变迁的悲痛之情。王羲之的笔触并没有仅仅局限于为人们描绘一次名士们的聚会，不仅仅陶醉于快乐并流于肤浅的感官享受，而是借此抒写人生感慨，写自己对宇宙人生、古往今来的独特思考。尤其是王羲之在众人聚会的快乐氛围中，忽然引申到对人生短暂、人事变迁，宇宙永恒、自然"恒常"的思考，慨叹人在生死之间的快乐与悲哀、主动选择与身不由己。王羲之将心中的感慨扩大到整个的人生与世界，它不再仅仅是个人的感动，而是对整个人生所发出的感慨，成为艺术中一种"特殊的美"，其境界承续前人而又不同于前人，思想观念也集中了同时代人的思考，并能启迪后人。

二、兰亭文化在书法绘画上的发展

（一）《兰亭集序》与书法艺术

兰亭文化的核心是《兰亭集序》，作为王羲之的书法巨作，如今虽然没有办法去瞻仰真迹，但是就唐人冯承素、褚遂良等的临摹作品来看（图3、图4），称得上是"天下第一行书"。这一作品创立了兰亭书法风格，具有极高的艺术价值。兰亭书法风格以行草书为主，具有自然灵动、潇洒飘逸的特点。它对中国书法史产生了深远的影响，被后代书法家广泛模仿与研究。《兰亭集序》作为经典的书法范本，包含了对兰亭宴会的文字描写，这为艺术家提供了描绘这一场景的灵感。一些文人墨客受到《兰亭集序》的启发，创作了与之相关的绘画作品，从而将书法和绘画结合

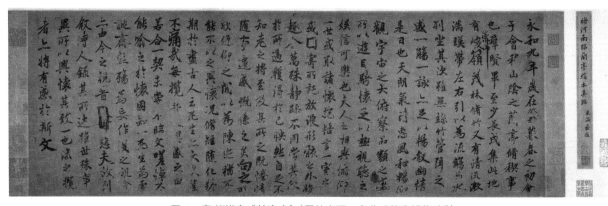

图4 唐 褚遂良《兰亭序》（图片来源：台北"故宫博物院"）

在一起，形成了一种文学艺术传统。

《兰亭集序》其艺术成就不仅体现在字体结构的优美，更在于整体章法的巧妙布局。王羲之在作品中巧妙地安排了文字的前后关联和统筹，使之在展现主题连贯性的同时，也呈现出丰富的变化。这一点尤其体现在全篇 18 个"之"字上，每一个"之"字的结体都各具特色，神态不一，非常巧妙且灵活地蕴含于变化之中，将全篇有机地整合起来，统领了整个文本的结构，形成前后呼应的格局，构成了整幅作品的紧密联系。从文章的开头"永"字到结尾的"文"字，全篇呈现出的是一气贯通的美感，风神潇洒，既不流于附庸，也不显得生硬，体现了王羲之高超的艺术水平和晋代对美的最高理想。在《兰亭集序》中，王羲之展现的不仅是其超然的个人精神和广阔的胸怀，也是对自然美景和愉悦事件的深刻洞察。这种情感与宇宙真理的和谐共鸣，在笔触运动的自然美感、字句间情趣的融合中得以体现。书法作品中的笔法细腻，墨色清雅，笔触富有情趣，结构松散，布局自然，彰显了书法家心灵与技艺的完美融合，神游物外，超脱尘世。这一切共同塑造了一个充满生命力、人与自然和谐共存的"天人合一"的理想艺术境界。因此，王羲之的《兰亭集序》不仅是中国艺术精神情感的体现，也是书法之美、晋代美学理想的独特展现。

王羲之的书法作品改变了当时人们对书法的审美观念，使得书法艺术更加注重自然美和个性表达，这种审美观念对后世书法艺术的发展产生了深远影响。其行书展现出一种难以企及的自然美和技巧，许多后来的书法家都在努力模仿或超越王羲之的行书风格。隋唐时期书法家如颜真卿、柳公权等，宋代文人墨客如黄庭坚、米芾等，明代书法家如文徵明、唐寅、祝允明，清代书法家如黄道周、石涛等都取法于兰亭文化，他们的书法作品延续了兰亭文化的传统，继承了兰亭序的书法风格，同时赋予了本身独特的艺术特色。

兰亭书法也经历了多个发展阶段，而且在每个历史时期都呈现出不同的审美取向，例如晋唐时期的滥觞，两宋时期的昌盛和元明清时期的普及。特别是在明朝时期，呈现出百花齐放的态势，《兰亭》拓本被文人所推崇，在这一时期的文徵明、董其昌、王旨堂都在"兰亭"书法方面达到较高的造诣。"兰亭"的临写本不断增加，可以说几乎绝大部分的书法名家都曾经在《兰亭集序》方面进行了自我创作，并且从忠于原作的"临"发展到追求神韵的"写"，从而使"兰亭序"衍化出多样风貌。

（二）兰亭修禊与文人图画

王羲之的《兰亭集序》不仅对书法艺术产生了深远影响，还激发了士人对魏晋风雅境界的向往，并启发了自唐以来的画家，将其作为绘画创作中的重要题材。这些艺术作品多以《兰亭集序》显露世间的故事，以《兰亭集序》文本内容、王羲之相关典故以及会稽山兰亭的风光作为描绘对象，逐步演变成独树一帜的兰亭绘画流派。这使兰亭文化打破了以承继兰亭书法为主的局面，呈现出丰富性和多样性。随着时间的推移，兰亭绘画艺术不仅丰富了中国绘画的种类，也体现了题材、技法及风格上的明显变化和发展。

中国古代绘画在多个层面影响了兰亭绘画艺术，对兰亭绘画具有重要的价值引领作用，大体可以概括为两个阶段。第一阶段是唐（传）五代时期，为取

材于《兰亭集序》显露世间故事的人物画。迄今为止，存世最早的兰亭绘画艺术作品是台北故宫博物院所藏的传为唐代阎立本所绘的《萧翼赚兰亭图》卷，其取材于《兰亭集序》显露世间的故事。此故事有多种流传版本如在唐代刘𬇕《隋唐嘉话》、唐代何延之《兰亭记》中对此故事的记载，但是故事细节不同版本之间存在不同。早期的兰亭绘画作品取材内容主要以唐代何延之《兰亭记》中的版本故事为主，如台北故宫博物院藏唐代阎立本《萧翼赚兰亭图》（图5），基本内容为：王羲之《兰亭集序》在王家代代相传至第七世孙王智永手中，王智永出家成为僧侣，俗成为

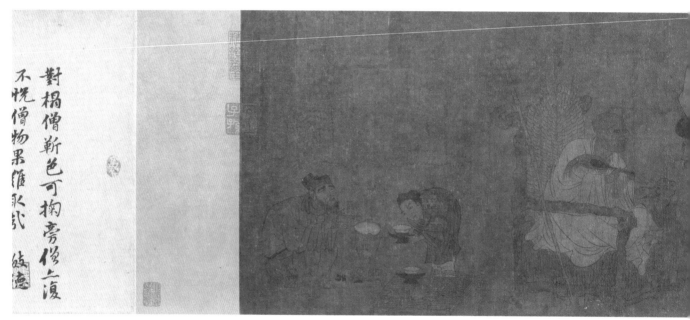

图5　唐 阎立本《萧翼赚兰亭图卷》（局部，图片来源：台北"故宫博物院"）

图6　北宋 郭忠恕《摹顾恺之兰亭禊集图卷》（局部，图片来源：台北"故宫博物院"）

永禅师。永禅师去世后,他的弟子辩才继承了这份作品。唐太宗得知后派出擅长策略和谈判的萧翼私下前往辩才的寺庙,通过建立信任和友谊,最终成功地从辩才手中获取了《兰亭序》。早期的兰亭绘画作品着重描绘人物形象,以展现故事情节为表现重心。

第二阶段是宋、元、明、清时期,取材于《兰亭集序》序文内容的山水人物画盛行一时,成为古代绘画的重要内容,宋元时期以描绘山水自然景物为主体的绘画即山水画成为中国画的主要表现形式。山水画契合中国传统文化中天人合一的审美思想,以及中国古人崇尚自然、追求与自然和谐相融的情怀。而在

这一时期,兰亭绘画艺术题材出现了明显的变化,由唐五代时期的兰亭主题人物绘画转变为表现《兰亭集序》文本内容,是展现兰亭修禊、文人雅集以及曲水流觞的主题的人物画与山水画相结合的绘画题材。这一阶段的兰亭绘画艺术创作的主要内容以《兰亭集序》文本展开,以王羲之与好友在永和九年上巳节于会稽山阴曲水畔流觞修禊雅集宴饮的诗文盛会为创作主题(图6)。画面主要集中在景色宜人的"兰亭曲水"山林之中,生动地描绘了六朝文人名士参与"流觞赋诗"的雅集活动,展现了他们的风雅生活和潇洒自在的生活态度(图7)。这种"外师造化,内法心源"的艺术表达,打破了传统形式的限制,通过艺术"意"表达了创作者的主观情感。"兰亭修禊"不仅是当时文人群体所追求的一种文化活动,也是他们社交生活的一部分。这种文人画的视觉表现形式,把王羲之和谢安等四十多位文人的被禊雅集从文字描述转变为了直观的图像,使原本只能通过想象的场景得以具象化展示。随着山水画的发展演变并在元代成为中国画的主流,兰亭绘画艺术的表现也更加注重运用山水画的构图和技法叙事,营造清秀雅逸的山水景致,给人如临其境之感。人物逐渐成为画面的辅助而在画面中的占比逐渐减弱,形成山水为主、人物为辅的绘画形式(图8)。兰亭绘画题材的特征逐渐定型为山水与人物彼此之间交相呼应,呈现出天人合一的人生境界,在叙事画领域取得璀璨成就。

图 7　北宋 郭忠恕《兰亭禊饮图》
（图片来源：台北"故宫博物院"）

三、兰亭文化与园林建筑

（一）兰亭主题园林的产生

魏晋时期，文人雅士对园林建筑怀有深厚的兴趣，常于园林中汲取灵感，进行文学创作，亦在此寻求与自然的亲近与和谐。园林不仅提供了一个供文人雅集、吟诗作赋的理想场所，也满足了他们对自然美与文化内涵的双重追求。自王羲之"兰亭修禊"以来，禊事逐渐承载了文人的精神寄托，成为后世追忆魏晋风流的重要载体。兰亭主题的山水园林审美意义自此被深刻开掘，并在后世文人的颂扬中不断得到强化。虽然王羲之的"兰亭"早已淹没在历史的长河中，但后世文人通过各种形式追忆和纪念这一不复存在的文化盛景，既表达了对逝去风雅的追慕，也映照出他们对现实的无奈。北宋时期的李公麟开启兰亭主题园林之风，将"兰亭曲水"融入园林设计当中，而随后基于兰亭主题的园林日盛。与此同时，围绕兰亭主题的纪念建筑也开始增加，园林建设活动大规模开展。绘画艺术更多的是一种意象层面上的追忆，具有隐性特征，描绘了一种山水情趣（图9）；而建筑以及园林艺术是一种显性追忆，以实体的形式彰显文化意趣，在建筑以及园林形式上运用兰亭文化的思想精髓。以兰亭为主题营造园林，功能以宴游为主，其主要特点就是"流觞曲水"，并结合亭、池等其他建筑。这些亭台楼阁通常坐落在自然山水之间，为宴会提供了休息、欣赏景色、品味文学和艺术的场所。这一传统建筑承载了魏晋精神和对友情的珍视，如为友人饯别的明代诗人皇甫涍所作的《宴东湖流杯亭送欧阳大参赴蜀》："流杯亭上酌，修竹乱溪沄。暝树烟常合，春山雨不分。别情依去鸟，客路入重云。怀旧仍伤远，劳歌夜独闻。"

（二）兰亭文化对园林的影响

　　兰亭文化通过其独特的哲学和美学价值，对中国园林设计产生了深刻的影响，不仅仅体现在园林的物理形态上，更在于其深层的文化和审美理念之中。首先《兰亭集序》不仅代表了书法艺术的巅峰，而且其所蕴含的哲学思想影响了中国园林的设计理念。园林不仅是自然美的再现，更是一种理想化的自然表达，旨在创造一个既符合自然法则又超越日常生活的空间。通过模拟自然地形和水系，园林设计师在园林中

图 8　北宋 佚名《兰亭修禊图卷》（图片来源：中华珍宝馆）

图 9　清 樊圻《兰亭修禊图》（局部，图片来源：克利夫兰艺术博物馆）

营造出一种天人合一的氛围，使园林成为在动游与静思间欣赏自然之美的场所。兰亭所蕴含的文化和审美理念在园林的设计与营造中得以延续和发展。

其次，兰亭文化中的文学、书法绘画艺术表达为园林设计提供了丰富的审美资源（图10）。园林中的山水布局、植被配置和建筑元素常常借鉴《兰亭集序》描绘的自然景观和文人聚会的情景。例如，园林中的流水不仅仅是视觉上的装饰，更是一种文化和审美的传达，反映了对流动和变迁的哲学思考。此外，园林中的亭台楼阁经常与文人诗文相结合，成为诗意居住的象征，进一步强化了园林作为文化表达的媒介。

此外，兰亭文化在园林设计中的应用，超越了单纯的美学追求，达到了文化象征和纪念的层面。《兰亭集序》作为文化象征，在园林中的应用也反映了一种对历史文化的尊重和传承。许多园林中设有兰亭等主题建筑，不仅用于纪念王羲之和兰亭雅集，也是展示书法艺

图 10 （清）郎世宁《雍正十二月行乐图轴》
（图片来源：台北"故宫博物院"）

术和古典文化的场所。这些园林的设计和布局，往往围绕着《兰亭集序》的文化意蕴进行，如流水的布局、亭台的位置等，都力求传达出书中的精神和情感。兰亭的园林再现不仅是对王羲之及其作品的纪念，更是对那个时代文人精神的颂扬。园林中的每一石、每一水都可能寓意深远，借景、对景等园林手法的使用也都体现了设计者对文化传承的深刻理解和尊重。这种设计手法使园林成为一个可以阅读和解读的文化文本，访客在游赏之余，也能感受到深厚的文化底蕴。

四、兰亭文化的核心特点

（一）天人合一的美学追求

兰亭文化深受魏晋玄学的影响，强调人与自然的契合，追求"天人合一"的境界。文人雅士通过与山水的互动，寻求精神上的超脱与自在，这种审美观念体现了他们对自然的敬仰与依赖。兰亭文化倡导将自然景物与个人情感融入艺术创作，强调作品应表达诗意的情感和心境，达成与自然的和谐统一。无论是曲水流觞的活动，还是兰亭景观的设计，都展现了自然之美与人文精神的完美结合，反映出对自然法则的尊重与欣赏。创作者常常从自然中汲取灵感，以表达内在情感为目的。这种自然与情感的融合为作品赋予了更深的内涵和诗意，同时强调了文化与自然的和谐共存。

（二）文学与艺术的结合

兰亭宴会不仅包括饮酒、赏景活动，还包括文学创作、书法、绘画等艺术活动。兰亭文化强调了文学、书法、绘画之间的联系和融合。这种融合创造了一个独特的艺术形式，成为中国文化的象征。文人雅士在宴会中进行文学创作、吟咏诗歌、书写或绘画，将自己的情感和思想表达出来。这使兰亭宴会成为文学和艺术的盛会。

（三）情感与哲思的交融表达

兰亭文化强调了情感的表达，包括对生与死的思索，对生命无常、万物易逝、快乐终将过去的感慨。文人雅士在兰亭宴会上饮酒赋诗、游戏作乐，在惠风和畅间游目骋怀，极视听之娱，乘兴之时，通过诗文将雅士胸中对人间永恒感伤的思索递予后人。

（四）文人精神与群体文化

兰亭文化代表了魏晋时期文人雅士的精神风貌，强调个人的精神自由、文化修养和艺术趣味。兰亭雅集中的文人不仅是文学创作者，也是书法家和绘画艺术的创造者，他们通过集体活动表达自我，体现了文人群体在动荡时代中的精神寄托与自我觉醒。兰亭文化成为中国文人文化的象征，影响了后世无数文人的雅集活动和文化生活方式。

文人雅士对于自然、生命、艺术的崇尚与追求，还为后世的艺术创作提供了丰厚的灵感源泉。本文对兰亭文化的全面梳理，填补了当前学术研究中各艺术形式之间割裂的现象，推动了书法、绘画、园林艺术在兰亭文化语境下的认知统一。未来，随着兰亭文化研究的深入，这一文化主题将为当代文化创作和园林设计带来更多创新的灵感和实践路径。

五、结语

兰亭文化作为中国传统文化的重要组成部分，不仅在文人雅集的精神世界中留下了深刻的印记，还在书法、绘画、园林等多种艺术形式中得到了充分的展现和传承。通过对这些领域的综合分析，本文揭示了兰亭文化独特的美学价值和文化意义，其不仅延续了

注　释

❶ 《宋书》记载："魏明帝天渊池南设流杯石沟，燕群臣晋海西钟山后流杯曲水延百僚皆其事也，官人循之至今。"详见参考资料（2）。
❷ 详见参考资料（6）三卷，卷下之上。

参考资料

(1) 宗白华，《美学散步》，上海：上海人民出版社，2005年。
(2) （西周）姬旦撰，（东汉）郑玄注，（唐）陆德明音义，《周礼》，士礼居丛书景明嘉靖刻本。
(3) （明）何楷撰，《诗经世本古义》，明崇祯十四年刻本。
(4) （梁）沈约撰，《宋书·卷15 礼志二》，清乾隆四年（1739年）武英殿校刻本。
(5) （唐）欧阳询辑，《艺文类聚·卷四 岁时部中》，宋绍兴刻本。
(6) （南朝宋）刘义庆撰，刘孝标注，《世说新语·卷中之下》，四部丛刊景明袁氏嘉趣堂刻本，上海商务印书馆，民国八年（1919年）。
(7) （唐）房玄龄撰，《晋书·卷80 王羲之传》，清乾隆四年（1739年）武英殿校刻本。
(8) （唐）刘餗，《隋唐嘉话》，明正德嘉靖间顾氏夷白斋刻阳山顾氏文房小说四十种本。
(9) 任梦龙，《兰亭绘画艺术综述》，紫禁城，2011年，第9期，第68~71页。
(10) （明）皇甫涍，《少玄集·卷十五》，明嘉靖皇甫秦刻本。

15 生生不已：园宅遗产的保护利用与当代传承路径

常逸凡　李新建（通信作者）

引言

2017年5月中共中央办公厅、国务院办公厅印发的《国家"十三五"时期文化发展改革规划纲要》中提出规划建设一批国家文化公园。2018年2月，中央文化体制改革和发展工作领导小组把"开展国家文化公园建设试点"列为年度工作要点，国家文化公园试点建设正式提上工作日程。2019年2月中共中央办公厅、国务院办公厅印发了《大运河文化保护传承利用规划纲要》，提出以习近平新时代中国特色社会主义思想为指导，打造大运河璀璨文化带、绿色生态带、缤纷旅游带。2019年7月，习近平总书记主持召开中央全面深化改革委员会会议，审议通过了《长城、大运河、长征国家文化公园建设方案》，要用4年左右时间，到2023年底基本完成长城、大运河、长征国家文化公园建设。

在大运河申遗成功后，大运河国家文化公园建设作为大运河遗产利用的重要方式，在观照世界遗产保护的同时，更加重视对遗产完整性的解读，以总体设计、统筹规划的方式整合大运河沿线历史文化资源，考虑资源禀赋、人文历史、区位特点、公众需求，注重跨地区、跨部门协调，与法律法规、制度规范有效衔接，发挥文物和文化资源综合效应。

检索大运河国家文化公园相关文献，多围绕价值研究[1]、区域协调[2]、文旅融合[3]、实施路径[4]、实践探索[5]等方面展开，充分体现出这一顶层设计自上而下的特点，但是，大运河国家文化公园应当遵循保护优先、强化传承，文化引领、彰显特色的建设原则❶。与此同时，国际上也越发强调公众参与和多方协作的重要性，由此可见，相关研究中针对自下而上开展遗产保护与文化传承的内容还存在欠缺。本文聚焦"园宅"这一保护类型，将保护园林本体和传承园林精神相结合，通过借鉴扬州东关街园宅保护与传承复兴的成功经验，提出园宅遗产的保护利用与当代传承路径。

一、园林遗产保护理念应注重"以人为本"

两次世界大战以来，现代保护运动几乎触及了世界所有地区，以1931年和1933年两部《雅典宪章》作为近代遗产保护的里程碑，从《威尼斯宪章》到《华盛顿宪章》，正式确立了当代遗产保护理论。此后，随着其他宪章、宣言、公约的不断补充，遗产保护在理念和实践、社会参与度、环境关注度、资源的可持续管理的各个方面都有了重大的演变和突破[6]。

现代遗产保护理念逐渐从"以物为本"向"以人为本"转变[7]，整合遗产物质性与文化性，不仅关注遗产在历史环境中的绝对价值，更加注重遗产在当代发挥的功能作用。《威尼斯宪章》的关注重点在于对遗产物质性的管理，以遗产的物质特征作为检验原真性与否的重要标准，将保护与修复古迹并使它成为历史见证的"艺术品"为根本目的，建立了一种以物质为中心的方法，关注科学与技术。但是自20世纪80年代开始，国际遗产界逐渐意识到《威尼斯宪章》对遗产概念界定的局限性，于是，《奈良真实性文件》把重心转向了文化和遗产的多样性，强调任何一种文化遗产都是所有人类的共同遗产，凸显民众与社区在遗产管理中的重要作用，倡导以价值为导向的保护方法[7]。与此同时，1972年联合国教科文组织发布《保

护世界文化和自然遗产公约》❷，建立了"全人类的世界遗产"（the World Heritage of Mankind as a Whole）的概念，要求公约各缔约国尽力使文化和自然遗产在社会生活中起一定作用。由此可见，冷冻过去的"博物馆式"保护已逐渐被淘汰，学界意识到遗产保护的根本目的是发展与传承，人民意识到文化遗产源于人们的记忆、组织、生活，是通过物质媒介转化出来的一种社会构建；"以人为本"的中心思想被不断强化，谁的遗产、为谁保护、遗产的活化利用成为更受关注的话题[7]。

中国古典园林作为造园史渊源之一，其地位被世界认可。1954 年在维也纳召开世界造园联合会（IFLA）会议，英国造园学家杰利科（G. A. Jellicoe）提出世界造园史中的三大动力是古希腊、西亚和中国，并指出中国造园艺术对日本和 18 世纪的欧洲的重要影响。自 1982 年《佛罗伦萨宪章》首次提出"历史园林"这一概念以来，园林遗产作为一大重要遗产类型进入人们的视野，对珍贵园林遗产的保护与研究便从未停歇；其保护理论的发展与现代遗产保护理念的转变趋势相吻合，逐渐向"以人为本"倾斜，且伴随着可持续发展理念和活态遗产概念的赋能，不断立体而清晰。现如今，中国正昂首阔步迈入高质量发展的新纪元，习近平总书记不断强调要积极推进文物保护利用和文化遗产保护传承，随着对传统文化复兴的越发重视，文化遗产保护工作也步入了历史上的新时期，成为推动社会进步和文明对话的重要力量。园林遗产作为中国古代人民对美好物质与精神生活的具象化体现，其所代表的人居精神和文化内涵值得传承颂扬，我们必然积极迎接保护传承、活化利用的时代浪潮。

二、中国园宅遗产保护现状失衡

"园宅"遗产宅中有园，园中有宅，是在中国传统居住范式"院宅"基础上，通过林亭丘壑、造园理水，满足园主精神追求的一种特殊类型的园林遗产。"园宅"遗产以"宅"的居住性为基本功能，以"园"为特色表现形式，强调日常起居的实用性、物质生活与精神追求的统一性。

英国哲学家弗朗西斯·培根于《造园论》中说："文明人类，先建美宅，稍迟营园，园艺较建筑更胜一筹。"建筑大师童寯曾道："中国园林实际上正是一座诳人的花园，是一处真实的梦幻佳境，一个小的假想世界。"他们均指出了园宅的精髓——满足宅第生活所需之外，塑造精神世界。园宅作为儒、释、道文化合流的智慧结晶，既链接人与人、人与社会的关系，又探求人与精神、人与自然的超然意境；是官僚贵族打造的用于享乐的奢华宅邸，是文人骚客安享自然的世外桃源，是富豪商贾彰显财富的宴会场所，也是普通百姓自然质朴的生活愿景。

当代，人民物质生活水平显著提升，但是传统人居精神不能摒弃，尤其在追求传统风貌的历史街区中，营造激发人们审美情感和哲学思考的"梦幻佳境"显得尤为重要。随着国内外遗产保护理念的不断更新发展，如何在园宅中得到"不出城郭而获山水之怡，身居闹市而有林泉之致"的空间意象，使园宅这一唯美的艺术形式在当下获得新的生机，实现园宅遗产的当代保护利用和可持续传承，需要众多社会力量的共同努力。然而，目前中国园宅遗产保护却陷入"魂不附体"的失衡窘境。

（一）园林之体：遗产保护与利用工作蓬勃发展

园林本体保护与利用在当前呈现出蓬勃发展的态势。一方面，随着保护理念不断更新，越来越多的专家学者及从业者意识到，园林遗产有别于其他相对静止的建筑遗产，是有生命的，并随着季节更迭而动态变化，因此，园林遗产的保护工作不能仅局限于建筑修缮、花木移植、假山维护，而应该致力于整个园林遗产生命系统的维系及其整体环境意境的真实性的保留[8]。另一方面，随着修缮实践的不断丰富与营造技艺研究的持续深入，园林保护的工作路径、修缮技术已渐趋成熟，且作为旅游资源对公众开放。线上通过5G、AR、VR等数字化技术，探索出了园林元宇宙、虚拟游览、交互式体验等多样的保护利用方式；线下则通过开展丰富多样的研学、文化体验活动，使今时园林重现旧日胜景；通过线上线下相结合，增强了园林遗产的可触达性。虽然在园林遗产的保护利用的过程中仍然存在不当修缮、过度开发、缺少地域特色、与市民生活脱节等问题，但是总体而言，关于园林本体的保护利用工作不断推陈出新，朝着多样化、丰富化的方向发展。

（二）园林之魂：人居精神传承尚待启迪

传统园林精神与当代国人生活态度之间的耦合尚未完全开展。园林艺术的精髓在于其深刻的精神性和人文之美，它们为园林赋予了灵魂，注入了生命力，园林艺术将自然景观转化为富有情感和思想的表达。中国古典园林有皇家园林、私家园林、寺观园林、衙署园林、书院园林等不同类型，与百姓生活更加紧密的当属私家园林。在明清"士商互动"影响下，文人士大夫世俗化倾向越来越明显，私家园林出现了转型[9]，园林的功能也随之发生转变。与早期寄情山水、以园咏志不同的是，此时造园活动更倾向生活实用性[10]，园林用以满足筑室种菜的园居生活、别业隐居的逍遥生活、宴饮雅集的享乐生活，与海德格尔所推崇的"诗意地栖居"亦即"诗意地生活"理念相呼应。

随着物质生活的不断丰富，人们对于精神文化生活的充实和生活环境品质的提升表现出了更高的追求，这一趋势为传统园林文化的传承与发扬提供了有利的社会土壤。然而，将园林文化真正融入公众的日常生活，使之不仅仅是房地产开发的营销手段，而是一个个活生生的文化实践，打破资金限制、技术壁垒，点燃居民自发性的造园热情，仍然是复杂且具有挑战性的问题。

三、体魂合一的当代园宅传统的传承复兴路径

园宅的传承复兴，立足点在于园宅的传统，以园林物质遗产为体，园林精神意境为魂，开辟"体魂合一"的当代园宅传统的传承复兴路径，扬州实践给予我们以启示。

扬州位于中国大运河和扬子江的十字交汇处，不仅是古代中国最重要的漕运枢纽城市之一，更是全国最大的海盐产区——淮南盐场的管理、销售、转运和税收中心，自唐代以来其一直是全国性的商业中心城市之一。明清时期，扬州漕运和盐业经济达到鼎盛，皇帝巡幸驻跸，富商大贾云集，文人雅士流连，形成了崇尚优雅生活和追求文化品位的城市风尚。在住宅建设方面，盐商、富户到普通市民，普遍在宅院中因地制宜地营造大小各异、简繁随宜的园林空间，鼎盛之时园林多达百余座。彼时，扬州园林多为园中有宅、宅中有园的园宅，不仅是游玩、观赏的场所，也是招待宾客和洽谈商务的社交场所，成为市民生活的一部分。这种鲜明的"市民性"既区别于同时期以士大夫为使用主体的苏州园林，也是最值得当代传承复兴的文化特性之一。到了20世纪初，由于漕运制

度终结、盐业制度改变，扬州经济严重衰退，园宅营造活动基本中断。历经20世纪后半叶以来剧烈的文化、社会变迁和快速的工业化、城市化浪潮，尽管以东关街为代表的众多历史街巷格局基本保存完好，但其中绝大多数历史园宅已经令人惋惜地消失了。而如今，在扬州政府、企业、高校的引领和扬州市庭院艺术研究会等机构的积极推动下，扬州市先后出现了超过300个新建私家园宅，重新掀起了园宅兴造之风，重现了"家家住青翠城闉，处处是烟波楼阁"的旧时光景。

（一）本体保护：现存园宅古迹的有效保护修缮和展示利用

要发挥公共园林的示范引领作用，以未来应用和传承为目标，探索营造技术与活化利用方式。

扬州东关街上的个园（图1）和汪氏小苑（图2）两个历史园宅是中国的全国重点文物保护单位，也是世界文化遗产中国大运河的组成要素，受到严格的管理和约束。保护修缮方面，保护修缮工程实施前，必

图1　个园俯视图

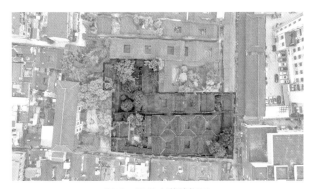

图2　汪氏小苑俯视图

须按照相关法规要求先行向中国国家文物局提交立项申请文件。立项申请文件由文物保护工程甲级资质单位完成，包括了对文物建筑历史沿革、价值分析和现状问题的评价，通过详细的勘察、观测和计算分析修缮工程的必要性，以文字和图纸清晰说明具体的干预范围、内容和所采用的材料、采取的技术措施，阐明在真实性、最小干预、可逆性等方面的合理性；通过对原状材料、构造和结构等传统建筑工艺进行分析，尽可能采用相同或相似的传统工艺进行修缮。展示利用方面，个园每年定期举办盐商文化节、竹文化节等活动，汪氏小苑长期举办扬州古城保护、民居园宅修缮相关展览、培训活动。

这两大园宅除了探索传统工艺和现代技术相结合的修缮技艺，在消除本身安全隐患、提升文化旅游能力的同时，也为企业和个人的园宅修缮、营造提供学习范例、交流活动、技术支持和人员培训。

（二）技艺传承：消失园宅景观的原址重建和开放使用

要以公共园林的复原重建作为连接政府和个人的中介，奠定传承推广的基调。

扬州东关街上复建的街南书屋（图3）曾是清代著名园宅，虽然已经完全没有地面遗存，但有《小玲珑山馆图》、图记和李斗等著名学者的记载传世，这

图 3 街南书屋俯视图   图 4 祥庐

些图文史料和陆续揭示的部分地下残存基址成为珍贵的研究资料。据此，政府在已经消失的清代著名盐商园宅和文人活动中心——街南书屋的旧址上，清除杂乱的现代厂房和住宅，依据资料进行复原设计，并以传统技艺重建"十二景"，用作居民和游客共享的公共开放园林，同时为私人园宅提供设计和施工技艺的参考。施工图设计系统全面地借鉴了个园等历史遗存所反映的扬州本地材料和工艺做法，由具有古建筑施工资质的本地民营企业承担施工，经验丰富的老匠师带领青年工匠共同完成传统工艺营造，并与高校研究机构、民间庭园组织和有兴趣的居民进行交流互动。

街南书屋的复原是对扬州传统园宅设计和建造技术的一次全面学习和应用，设计呈现了扬州园宅"如作文之有变换、无雷同"的丰富设计手法，建造技术上系统应用了传统的园宅营造技艺，尤其重点呈现了扬州高超的叠山和盆景工艺。

（三）文化复兴：现代私人生活空间内园宅营造活动

要复兴居民自建私家园宅的传统文化，推广优秀案例，以点带面续响传统园林绝唱，擦亮中国园林底色。

在扬州这座历史文化名城中，居民们长期在古典

名园的山水之间、亭台楼阁之下、花木扶疏之前欣赏美景，纷纷在心中孕育了属于自己的园林梦。他们不满足于仅仅欣赏传统的古典名园，还希望在条件允许的情况下，将心中构思已久的园林蓝图变为现实。从扬州城内的木香巷木香园、东关街的祥庐、吕庄巷的紫园，到凤凰街的万青山庄、缺口河东的武静园，再到郊县的陈园、顾氏园、燕燕居、梅园等，新园林不断涌现，在短短二三十年间，新建的私家园林数量已超过百余座，成为扬州城市景观中不可或缺的一部分。

本文以祥庐（图 4）、左琴右书（图 5）、叠秀山房（图 6）这 3 个具有代表性的园宅为例，这 3 个园宅分别代表 3 种不同的推广范式。祥庐房主以有限的资金持续不断地在自家现代住宅院落中营造具有古典风格和人文情怀的园宅，借助民间协会和专家咨询，提升居住舒适性和人文美感，并为低成本、易推广的小型园宅营造提供范例。左琴右书房主利用传统民居院落及其周边仓库、厂房等进行改造，因地制宜地营造丰富的园林空间，将其整体用作以古琴和图书为主题的公共文化活动空间，为环境改造和办公用途的园宅营造提供范例。叠秀山房房主购进个园西侧长期荒废倒塌的两进住宅院落，采用传统工艺营造具有静雅古典风格的住宅和园林，并引入现代基础设施和生活设备，用作自住和会客场所，为整体新建的中小型园宅营造提供范例。

四、多方协作下的园宅传承复兴机制

扬州东关街园宅保护与传承复兴让本地居民对明清盐商文化、居住环境和生活方式有了更为直观的认知和体验；充分意识到园林不是知识分子孤芳自赏的景观和文化，而是一种具有"市民性"，可以满足生活、工作和休闲娱乐多种需求的生活空间，是在当代仍然具有强大生命力和社会需求的活态遗产；不仅应该保护园宅，更加应该传承和复兴，而实现这一目标，则需要社会各主体的通力合作。

生园当保路
不遗宅代护径
已产：利园传
　的生用宅承
◇ 15 ◇
The Summer Palace 2024
颐和园

一〇二—一〇三

图 5　左琴右书

图 6　叠秀山房

（一）政策导航：政府引领与服务并举

政府部门主要从政策指引、宣传推广层面支撑扬州园宅发展。

（1）出台奖补政策。住建局出台《扬州古城传统民居修缮奖补实施意见》，以扬州古城范围内的私有产权传统民居为奖补对象，按照规划许可材料批复的面积，依据由市定额部门核定的《扬州古城传统民居修缮奖补标准》给予奖补，提供《扬州市明清历史城区民房规划管理办法》和《扬州古城传统民居整修与保护技术导则》作为修缮参照。

（2）简化建设程序。市财政、自规、住建、城管、文旅等相关部门按照各自职责加强统筹协调，简化审批手续，缩短办事流程，发布《扬州市古城传统民居修缮有关办事流程》，具体包括修缮申请、现场查勘、手续办理、协议签订、竣工验收等步骤，经验收合格的民居，申请人可凭《扬州市古城传统民居修缮补贴协议书》《扬州市古城传统民居修缮综合验收报告单》到市古城办领取政府补贴资金。

（3）协调基层矛盾。东关社区居委会作为各级管理部门与居民沟通之间的桥梁，负责协调具体项目中业主和周边邻居的关系，需要翻建房屋、造园许可和补助的居民，可直接向社区综合服务大厅窗口提交申请，社区将代理后续建设局、自然资源局、城管局等多个管理部门的申请流程。此外，东关街作为一个密集的历史地段，所有公私园宅建设都需要得到周边四邻的同意方能实施，当居民与邻居间因此发生矛盾时，社区居委会将发挥积极的协调作用。

（4）表彰优秀案例。市住建局定期组织扬州古城传统民居修缮优秀案例评选活动，为传统民居修缮提供示范；在全市开展"扬州工匠"推荐评选活动，评选出"扬州大工匠"和"扬州工匠"，颁发证书并给予适当的物质奖励，促进了全社会对传统工匠和传统工艺的认同和尊重，奠定了园宅这一活态遗产保护、传承和发展的技术和社会基础。

（二）方法提炼：学术研究与民间智慧交织

高校、研究机构、民间协会及其他非盈利组织对扬州传统园宅营造技艺进行提炼、整合与引领，穿针引线，串联政府与私人，有效推动学术成果转换与传统技艺传承。

高等学校、研究机构牵头组织扬州园宅营造技艺的推广，开展技术观摩、交流和培训，形成了从管理机构、施工企业到独立个人等来源多元、老中青结合的传统工匠群体。2015年7月，由徐鹏志先生引领，经过扬州市民政局与市文学艺术界联合会的审核批准，扬州市庭院艺术研究会宣布成立，超过100位私家庭园主、园林领域的专家学者、园艺设计师等专业人士加入并成为其会员。自成立以来，研究会以"交流、提升、普及"为核心理念，定期开展园林实地考察、园林造景艺术的学术讨论等活动，并通过编辑发行会刊（图7），运营微信公众号，举办"诗意栖居—扬州新兴私家庭院艺术展""烟花三月古巷庭院游"、2023年新建园林艺术大赛颁奖典礼等活动的方式，进一步推动庭院艺术的传播与发展。在协会的积极推动下，扬州市先后出现了超过300个新建私家园宅，协会收录了110个案例并出版了专著《诗意栖居—扬州百家新园林》（图7），为园林爱好者提供了宝贵资料。

（三）行动协同：专业技术与个性化需求融合

在现有园林保护利用时，需要专业力量的融入。无论是作为旅游资源向公众开放的公共园林、被严格保护的文保单位还是出于商用目的复原与改建的园林，都应当发挥示范性作用，通过传统园林的再生，带动民间私家园林的复制与再生产。例如，汪氏小苑是受到严格保护的全国重点文物保护单位和大运河世界遗产要素，其管理主体是江苏天润环境建设集团有限公司，这家民营企业长期从事扬州园林设计、施工和运营维护，在解决本体建筑安全问题的同时，为政府、企业和个人的园宅修缮和营造活动提供了技术支持和人员培训。

在推动园宅传统复兴时，应当充分考虑私人作为使用主体的个性化需求。祥庐、叠秀山房与左琴右书这3个居民自建的私家园宅具有不同的投资、规模和具体用途，均采用传统的设计营造一体化方式，由居民本人和民间工匠共同设计建造。私家园宅没有正式的设计图纸，遵循"七分主人，三分匠人"的园宅营造传统，主要由居民和工匠在讨论中现场确定实施，根据经济能力、使用需求和审美喜好，因地制宜地运用传统技艺对自有住宅进行美化，以满足主人对生态化、艺术化的"天人合一"居住环境的追求。如祥庐主人以园宅营造为乐，独自承担了自家住宅的设计施工，亲自动手挖池叠石、砌墙铺地、雕刻装饰、栽树种花，持续不断地增加着住宅的舒适性和艺术性。左琴右书作为灵活的文化空间，对于旧料的运用则更为自由，家具别出心裁地用各种不同的老构件组合拼装而成，零星的旧石构件也被巧妙地组织到室内外空间中，兼具实用性和景观效果。叠秀山房紧邻个园西侧，主人学习古人借景手法，决定沿东墙堆叠湖石假山以便观赏隔壁个园的苍翠树林，并与超过60岁的叠石老匠师共同现场施工，遂成佳作。

此外，针对不同产权宜采取不同的干预方式。对于文物保护单位修缮，聚焦维系整个园林的生命系统，重视科学价值之外的文化价值，适当恢复原有园主的文化追求；对于私营企业以盈利为目的公共园林的复原与改造，重点关注对地方传统园宅建造技艺的应用和对历史真实性的回应；对于个人私家园宅，以其个性化需求为导向，尊重园主人的造园主旨与生活习惯。

图7　扬州市庭院艺术研究会会刊及出版专著

五、结语：让历史照进现实，把历史文化转变为现代生活的动力

园宅遗产需要从活下来走向传下去，传承式的发展需要让历史照进现实，把历史文化转变为现代生活的动力。扬州东关街园宅保护与传承复兴在路径探索、机制建立方面给我们以启示：一方面，从本体保护—技艺传承—文化复兴三个层次，采取不同的处置对策；另一方面，构建多方协作下的园宅传承复兴机制，共同推动扬州园宅的保护和可持续传承发展。

然而，园宅保护修缮、重建、新建并不是最终目标，推广园宅传统营造技艺，培养热爱园宅文化的居民、工匠、研究者、管理者，推动"天人合一"人居精神的传承复兴，才是支撑园宅遗产可持续发展的关键策略。

参考文献

[1] 梅耀林，姚秀利，刘小钊.文化价值视角下的国家文化公园认知探析——基于大运河国家文化公园实践的思考 [J].现代城市研究，2021（7）：7-11.

[2] 刘晓峰，邓宇琦，孙静.大运河国家文化公园省域管理体制探略 [J].南京艺术学院学报（美术与设计），2021（3）：45-49.

[3] 吴殿廷，刘锋，卢亚，等.大运河国家文化公园旅游开发和文化传承研究 [J].中国软科学，2021（12）：84-91.

[4] 王秀伟，白栎影.大运河国家文化公园建设的逻辑遵循与路径探索——文化记忆与空间生产的双重理论视角 [J].浙江社会科学，2021（10）：72-80，157-158.

[5] 许雯，刘韩昕，刘宁，等.空间叙事理论下城市物质文化遗产价值评估与保护策略——以大运河国家文化公园（苏州段）为例 [J].规划师，2024，40（5）：83-90.

[6] Jukka Jokilehto.International Trends in Historic Preservation: From Ancient Monuments to Living Cultures[J].APT Bulletin, 1998（29）：17-19.

[7] 马庆凯，程乐.从"以物为本"到"以人为本"的回归：国际遗产学界新趋势 [J].东南文化，2019（2）：16-22.

[8] 刘渌璐，孙莹，李洁，等.活态遗产及其保护方法研究综述 [J].城市规划，2022，46（5）：115-122.

[9] 童寯.童寯文集·中英文本·第 1 卷 [M].北京：中国建筑工业出版社，2000.

[10] 朱光亚，余惟佳.中国传统园林遗产保护的理念初探 [J].建筑遗产，2021（4）：1-8.

注　释

❶ 中央有关部门负责人就《长城、大运河、长征国家文化公园建设方案》答记者问。

❷ UNESCO, *Convention Concerning the Protection of the World Cultural and Natural Heritage.*

以作文城
北用化市
京与遗公
段实产园
为践活在
例：化大
　　中运
　　的河

◇
16
◇

The Summer Palace 2024

颐

和

园

一
〇
六
—
一
〇
七
—

16 城市公园在大运河文化遗产活化中的作用与实践：以北京段为例

杨　哲　罗东霞　刘佳佳

引言

　　随着经济的快速发展和城市化进程的加速，文化遗产的保护与活化日益成为公众关注的焦点。大运河作为中华民族历史文化的重要象征，其活化不仅关系到历史文脉的延续，更彰显了当代文化自信。本文通过游客感知视角，探讨了北京段大运河国家文化公园这一由多个城市公园和文化景区组成的综合系统，在文化遗产活化中的实践效果。公园涵盖通惠河、什刹海、玉河故道等区域，通过设立管控保护区、主题展示区、文旅融合区和传统利用区四大功能分区[1]和推进五大重点工程，推动文化遗产的现代化利用与传承。结合游客的认知和满意度，本文评估了当前活化措施的效果，并提出进一步优化的建议。

一、城市公园在大运河文化遗产活化中的作用

　　城市公园在大运河文化带建设和文化遗产活化中具有关键地位。作为文化遗产活化的重要载体，城市公园不仅为城市居民提供了休闲场所，还在文化传承、生态修复和社区发展中扮演着重要角色。通过科学的规划和管理，城市公园在延续历史文脉的同时，实现了文化遗产的活化与现代利用，提升了文化遗产的社会价值。

（一）文化遗产的保护与传承

　　运河文化遗产的保护与传承相辅相成，保护是传承的前提，而活化则是为了更好地实现传承。通过严格的保护政策和科学的管理方法，城市公园可以成功地保存大量的历史建筑和文化遗产。国家发改委印发的《大运河文化保护传承利用"十四五"实施方案》明确了大运河文化遗产的保护策略。2020至2021年中央预算内的投资超过10亿元，支持了23个大运河国家文化公园项目建设[2]。除了中央预算内的投资外，地方政府、社会资本以及其他形式的融资也给这些项目提供了支持。

（二）生态环境的保护与修复

　　城市公园通过生态管理和植被布局的优化，不仅维护了生态平衡，还为文化遗产的展示与传承提供了环境支持，进而推动了文化遗产的活化。例如，北京段大运河国家文化公园在实施植被布局优化和水资源科学管理的过程中，不仅改善了环境质量，还通过生态景观的塑造增强了文化遗产的视觉吸引力和展示效果[3]。通过这些措施，公园不仅实现了生态保护，还使得历史文化在现代环境中焕发出新的活力。什刹海的生态改造，如西海湿地公园的建设，其通过增加水生植物群落和引入智慧设施，不仅提升了生态系统的

多样性，还使得这一历史文化区域在现代化的背景下获得了更加生动的展现形式，为文化遗产的持续活化提供了坚实基础。

（三）文化传播与社区参与

城市公园作为文化传播的重要载体，通过公共服务设施和社区活动，增强了文化遗产的传播力度和社会参与度。例如，通州大运河公园通过设立手工艺品制作坊，让游客参与运河文化相关的手工艺制作，不仅增强了游客对文化遗产的认同感，还通过文化互动提升了社区凝聚力。这种社区参与模式，不仅推动了文化遗产的活化，还促进了社区的和谐发展。

二、问卷调研及结果分析

（一）问卷设计与调查

为了更深入地探讨北京段大运河国家文化公园在文化遗产活化中的实际效果，本研究从游客感知的角度出发，设计了现场问卷调查，以了解游客对大运河文化遗产活化的认知、需求和期望。问卷内容包括游客的基本信息，对文化遗产活化的认知、满意度及重要性评价等方面。数据收集采用随机抽样的方式，共发放问卷300份，回收有效问卷280份。

（二）数据分析方法

数据分析采用描述性统计、信效度分析、因子分析及 IPA 模型（Importance-Performance Analysis）统计分析。信效度分析用于确保问卷的内部一致性和可靠性；因子分析用于识别潜在因素；IPA 模型则用于评估游客对文化遗产活化的满意度和重要性评价，通过 IPA 模型，可以直观地展现各项文化遗产活化措施

在游客心中的重要性与实际表现，从而更有针对性地优化和提升文化遗产的活化效果。

（三）问卷分析结果

问卷结果显示，参与调查的游客中：男性游客对北京段大运河国家文化公园的兴趣略高于女性；学历水平较高；大部分游客在文化公园内停留时间较短，反映出当前文化遗产活化存在吸引力强但活化程度不高、游客停留时间短的困境。

游客对北京段大运河国家文化公园的文化遗产活化的整体满意度评级为一般。其中，环境活化（通过改善自然景观和生态系统提升整体环境吸引力）的满意度较高，创新性活化（利用现代技术和创意以丰富文化展示方式）和遗产修复活化（对历史建筑和遗址进行科学修复和维护）的满意度一般。尽管数字化活化（通过数字技术增强文化体验）整体满意度较低，但在具体项目如虚拟现实技术呈现方面的满意度较高。传播性活化（提升文化传播效果）的满意度也较低。具体来看，传统工艺、创意旅游项目、传统手工制作体验、文创项目、虚拟现实技术呈现、数字解说和讲解、历史人物故事解读、民俗活动体验等方面的满意度较高。

IPA 模型分析结果显示，应重点维持对传统工艺、创意旅游项目、传统手工制作体验、文创项目、虚拟现实技术呈现、数字解说和讲解、历史人物故事解读、民俗活动体验等方面的活化现状；优先加大传统文物、卫生状况、大运河文化讲解、手工艺商品出售、自然环境、公共设施、景点运营宣传等方面的活化力度；适度发展游客了解程度的活化力度。

三、策略与建议

基于前文的问卷分析结果，针对北京段大运河国家文化公园的文化遗产活化的不足之处，提出以下策

略与建议，以进一步优化运河文化遗产活化效果，提升游客满意度。

（一）加快数字化建设，提高游客体验感

问卷分析结果显示，虽然数字化活化的整体满意度较低，但虚拟现实技术呈现的体验满意度较高。为此，建议通过进一步开发虚拟现实（VR）技术，重现大运河历史场景，使游客能够身临其境地体验运河文化，增加游览的趣味性和教育意义。例如，在游客中心设置 VR 体验区，并开发智能手机应用和自助讲解设备提供数字解说服务。利用增强现实（AR）技术设置公园内的 AR 标识，提升参观的便利性和互动性，从而全面提升游客的数字化体验质量。

（二）创新文旅产品与项目，提高游客满意度

虽然创新性活化的整体满意度一般，但游客对传统工艺和创意旅游项目的满意度较高。因此，建议继续开发和推广这些项目。例如，设立手工艺品制作坊，让游客亲自动手制作运河文化相关的手工艺品，如陶艺、刺绣和传统绘画等，增加游客参与感和兴趣；还可以设计运河文化主题的游船体验和夜游活动，结合灯光秀和实景表演，打造文化深度游线路，丰富游客的整体体验。

（三）加强旅游宣传，提高旅游资源知名度

针对传播性活化满意度较低的问题，建议通过多渠道、多形式的宣传来提升大运河文化的知名度。例如，通过社交媒体发布宣传视频和图文故事，吸引年轻人关注和参与；同时，组织比赛、互动游戏等线上线下活动，增加公众对大运河文化的了解与兴趣；此外，旅行社可以推出大运河文化主题旅游路线，吸引

更多游客，并通过媒体报道、文化展览等形式，提升大运河文化的影响力。

（四）完善基础设施，提高服务水平

虽然环境活化的满意度较高，但公共设施质量和运营宣传仍需加强。建议进一步改善景区内的基础设施，包括完善游客服务中心、公共卫生间、无障碍设施等，以提升游客的舒适度和便利性。同时，增加多语言解说牌，满足国际游客需求。加强景区管理人员的培训，提高服务水平和应急处理能力。建立游客反馈机制，及时收集和回应游客意见，持续改进服务质量。推广绿色旅游理念，倡导环保旅游，保护大运河生态环境。

（五）增强公众参与和社区共建

通过组织文化讲座、志愿者活动等形式，增强公众的文化遗产保护的意识，强化公众与文化遗产活化的联系。设立文化遗产保护基金，鼓励社会各界捐助并参与遗产的活化工作。加强与社区的合作，推动其积极参与大运河文化遗产的保护与活化。通过社区共建项目，如社区文化节、文艺汇演等，增强社区凝聚力，提升居民对运河文化的认同感和自豪感，使社区成为文化遗产活化的重要力量。

（六）加强国际合作与交流

通过举办国际文化交流活动，如运河文化国际论坛、学术研讨会等，加强与世界其他运河文化遗产地的交流与合作，借鉴国际先进的文化遗产保护与活化经验。

通过参与国际文化遗产保护组织、发表国际学术论文等方式，提升大运河文化在国际上的知名度和影响力。组织国际媒体和文化机构进行报道和宣传，提升大运河文化的全球影响力。

参考文献

[1] 北京市人民政府网.《北京市大运河国家文化公园建设保护规划》发布　大运河国文化公园 2023 年基本建成 [EB/OL].（2021-10-10）[2024-06-01]. https: //www. beijing.gov.cn/ywdt/gzdt/202110/t20211010_2509334. html.

[2] 中华人民共和国中央人民政府网. 坚持保护优先　增强文化自信　高质量推进大运河文化保护传承利用——国家文化公园建设工作领导小组办公室负责人就《大运河国家文化公园建设保护规划》答记者问 [EB/OL].（2021-10-27）[2024-06-01]. https: //www.gov.cn/ zhengce/2021-10/27/content_5647092.htm.

[3] Zhang Y, Jing Z, Huang Q, et al. On conservation of world heritage Beijing-Hangzhou grand canal for enhancing cultural ecosystem services[J]. Heritage Science, 2023, 11（1）: 269.

17 大师引领 活态传承 "课" "标" 一致 校企融合

——文物保护技术专业非遗技艺人才培养路径创新实践

汪 莹

引言

非物质文化遗产承载着深厚的历史价值和丰富的民族智慧。然而随着社会的快速变迁和经济全球化的战略冲击，这些珍贵的非遗知识与技艺面临消失的危险。在党的二十大报告中，习近平总书记提出要让"中华优秀传统文化得到创造性转化、创新性发展"。国务院文化和旅游部于 2021 年印发的《"十四五"非物质文化遗产保护规划》中强调，"保护好、传承好、弘扬好非遗，对于延续历史文脉、坚定文化自信、推动文明交流互鉴、建设社会主义文化强国具有重要意义"。

北京市园林学校坚持以传统技艺大师为引领，利用专业核心课程的课堂进行文物"活态"和非遗技艺传承创新实践活动，经过 3 年实践，在"北京文化遗产保护特高专业（群）"和"北京市公园管理中心'十四五'期间创新团队及重点研究领域'"项目建设的基础上，探索出"大师引领、活态传承、'课''标'一致、校企融合"的中等职业学校文物保护技术专业非遗技艺人才培养之路。

一、研究的主要理念和思路

（一）研究目标：传统与创新同行

本研究具体表述为："文物 + 非遗技艺类型研究——文物 + 非遗技艺课程体系构建——文物 + 非遗技艺人才培养方案确立" 3 个阶段的研究实践。具体技术路线见图 1。

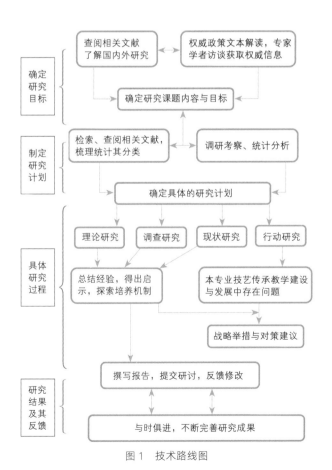

图 1 技术路线图

（二）研究方法：理论与实例并列

采取多元化的研究方法，不仅遵循传统的教育学和职业教育理论，还将创意设计、文化遗产保护等学科的研究成果纳入考量，以形成一个更为立体和综合的研究视角。

1．文献研究法

通过调查文献获得资料，构建以实践为核心的传承模式的理论依托，为课程设计、教学方法提供理论架构。

2．调查研究法

调查研究通过问卷和访谈收集一手数据，然后参考技能培训、大师工作室运营、传承队伍成长等方面的经验，提炼出适合职业教育的人才培养路径模型。

3．访谈法

通过半结构化的访谈指南，深度聚焦于非遗传承大师、学徒、相关企业 HR 3 方面人群，特别关注大师与学徒互动模式、非遗传承教育路径、政策环境及支撑体系的看法和建议。

4．行动研究法

研究典型案例怎样满足校企联合教学的需求，特别关注在传承过程中成功运用的创新教育理论，以及能够充分发挥大师所长、激发学徒潜能的教学方法。

（三）研究内容：具体应用与总体把控结合

1．契合我校文物保护技术专业的"文物＋非遗"技艺类型研究

结合企业需求调研，确立与本专业人才培养相匹配的非遗技能方向，为专业核心课程的构建提供依据。

2．大师引领下的"文物＋非遗"技艺"1+2+3"课程体系构建研究

课程体系构建是专业建设的基础。本研究提出的"大师引领下的文物＋非遗技艺课程体系构建研究"以坚定文化自信为 1 个建设目标，以"理论＋实践""'第一课堂'＋'第二课堂'"为两种主要的教学形式，以非遗技艺基础必修课、非遗技艺核心必修课、非遗技艺特色选修课为 3 个课程类别来构成体系，内修素养、外练技能。

3．大师引领下的"文物＋非遗"技艺人才培养方案研究

从建立人才培养机制、制定人才培养方案、建设教师团队等方面对本专业的非遗技艺人才培养模式进行实践探索，为职业教育的技艺传承创新开辟先河。

（四）研究重点和难点

本研究是一个继往开来、与时俱进的研究课题。研究重点是对现行教学内容构建、教师培养方式、技艺传承路径的研究。

非遗技艺人才培养路径是"文物＋非遗"技能的融合路径，更是中高职一体化教学的初尝试。本研究将解决中高职一体化教学中的"相互贯通和有机衔接""教育课程重复性设置"等难点和问题。

二、研究实践中解决教学问题的方法

本研究融入大师名师引领教学、非遗技艺活态传承、"课""标"一体人才培养、校企融合实践探索，形成完善的"文物＋非遗"人才培养体系。

（一）大师引领：教学团队实力增强

北京市园林学校基于主管部门北京市公园管理中

心的"'十四五'期间创新团队及重点研究领域"计划，组建"文物文化传播及传统技艺传承"教学团队，并根据文保专业"市级特色高水平专业群"的建设任务，结合本专业教师的发展特点，制定研修任务，出校入企进行能力打造，先后完成文物修复类（瓷器、古籍、青铜器、壁画、木器）和文物鉴定类（瓷器、宝玉石）的专人专项培训。优化教师评价机制，鼓励教师参加大赛，提升发展质量，教研室职教师先后获得"（北京市文物局）文物修复师比赛"二等奖和三等奖，以及作为指导教师获得。"（北京市教委）丝路工匠技能大赛"三等奖。引进"非遗传承人"大师资源提升教师研修品位、开阔教师视野，使专业与精神成长并重、通性与个性并重、理论与实践融通，截至目前共有"（硬木修复）区级非遗传承人""（瓷器修复）区级非遗传承人""（官式建筑裱作）市级非遗传承人""（花丝镶嵌）市级非遗传承人""（书画修复）国家级非遗传承人"5位非遗大师和"（古籍修复）国家级非遗团队"参与专业教学和专业指导。助推青年教师成长和"双师型"教师队伍建设，孵化专业教学名师，形成专业教学梯队，借助文物保护技术专业教育的教学成果，一年内共有2名专业教师获得了职称提升。

（二）活态传承：学生传承意识提高

文保教研室邀请行业大师进校园、上讲台进行技术技能指导，榜样带头进行技艺的传承。依托官式建筑裱作技艺大师工作室（校级）设立专业核心技能课程《书画装裱与修复技术》，传授古书画装裱修复技法，学生先后完成传统书画装裱及书画修复初步的课程任务，结课成果多次在学校专业汇报中展示。依托中高职衔接合作，设立专业核心技能课程《贵金属成型工艺》，高职金工大师进课堂传授花丝技法基础操作，学生将花丝工艺制作过程写成英文故事，参加了"用英文讲中国故事"的全国性英文比赛，让传统技艺故事走向世界。依托专业特色课程《文物鉴赏与鉴定》提高传统文化认知能力，并以此课程为基础多次开展中小学生"小小鉴赏师"职业体验活动，设立校内学生社团"论物社"，共同科普宣传民族传统文化。

（三）"课""标"一致：复合型人才初显成效

专业技能课堂教学的重难点与行业标准规范相一致，确保技艺传承规范准确、原汁原味。专业核心课程在授课计划和课程标准的编制，皆参照"国家职业技能等级标准""行业技术规范""职业技能大赛评分标准"，并按照操作的流程组织实施，由浅入深；基于工作岗位，选取典型职业能力，采用"知任务—研知识—修技能—固本领"4环节的"职业能力塑造型"教学流程。授课教师在完成教学任务之前，先行进行职业能力等级证书的取证探索，取得"（全国轻工联合会）文物修复师职业能力等级（陶瓷器类、壁画类）"证书。

（四）校企融合：评价机制日臻完善

借助公园管理中心"'十四五'期间创新团队"和"（校级）官式建筑裱作大师工作室"的双力助推，协同合作企业，推行"双师教学、校企共育"，完成学校教师、企业导师的"双师综合考核"；学校重理论知识掌握，企业重实践操作能力。同时，增加市场考核：第一，通过实例教学模式，学生作品参与销售、比赛、取证，让市场打分；第二，增加学生实习后的企业反馈评价。以上考核纳入综合评价，作为推荐就业、3+2 转段的积分。

三、研究实践的创新点

本课题的研究实践紧跟职业教育的特点，不断调整思路，对文物保护技术专业的建设发展进行了较大的创新。

（一）创新"三个三"的实践教学模式

将文物保护专业中非遗技艺与民族文化传承的教学系统化，培育民族情怀和传承意识："三室联动"——大师工作室、民间艺人工作室、学校教研室的教学联动，完成核心技能课程的教学标准比对、教学模块设置、教学重难点权衡、教学效果评价和教学成果转化；"三段提升"——制作技艺实践能力基础、修复技艺实践能力进阶、专业综合素质全面锻造的技能提升教学，在基础阶段夯实理论知识和操作分解动作，在修复进阶阶段进行技术标准对接，并最终在综合锻造阶段实现岗位能力体现；"三重保障"——产教研保障、师资保障、机制保障，各项工作有点具面，在整体把控的同时兼顾各方需求。

（二）创新"三主体、多维度"的评价模式

评价"三主体"为学生、教师、企业导师，在教学过程中重视学生自评、教师评价、企业导师评价。"多维度"完善教学质量的评价创新，以系部教研室为主体，对课堂教学效果、专业知识掌握和学习综合素质等进行评价，构建"内循环"评估流程；以实训基地、合作企业、行业市场为主体，对实践教学成效、专业技能训练和岗位职业素养等进行评估，构建"外循环"评估流程。

（三）创新"1+2+4+N"的非遗技艺传承平台

北京市园林学校文物保护技术专业是学校第三批特高建设"北京文化遗产保护专业群"的组群专业。文保教研室从特高建设的要求出发，以专业核心技能为载体，搭建非遗技艺的"1+2+4+N"传承平台："1"，传统文化、非遗技艺传承为 1 个总体目标；"2"，通过中高职衔接办学实现课程体系的重新构架，以"文物 + 非遗"的双轨行进办学，双轨办学并驾前行又互相渗透，做到文化底蕴相同、知识基础相通、技能培养相似；"4"，确立"文物"轨道上的"纸张书画文物保护""陶瓷器保护"两项核心技能，确立"非遗"轨道上的"花丝镶嵌""精细木工"两项核心技能；"N"，教学过程实现校企融合，聘请行业多名专家、能手、非遗大师进行技术技能指导或授课，实现非遗技艺的大师传承。

（四）创新"德技共修、校企共培、科艺共承、书证共通"人才培养模式

文物保护技术专业是北京市园林学校的新专业，目前仅招生 3 年，探索"德技共修、校企共培、科艺共承、书证共通"的人才培养模式，是本专业后续发展方向及适应行业需求的必要环节。

1. 德技共修

职业学校的教育目标是培养高素质技能人才，体现为"德"与"技"并驾齐驱。"德"内化为职业素养，培养学生在职业过程中积极向上、爱岗敬业，让职业素养成为一种内在力量。"技"外化为职业技能，使学生具备技术技能，为学生的生存、就业做好准备。

2．校企共培

在现有"理实一体""大师带徒"、校企融合等人才培养模式的基础上，深化校企合作，进一步创新"文物＋非遗"的特色专业路径，构建结构严谨、特色鲜明、效果显著的多样化人才培养模式。

3．科艺共承

改变中等职业学校技术为导、科研薄弱的现状，将传统技艺与现代科技结合，形成在文物、非遗方面具有实际工作价值的数字化技术，让核心技能课程的教学既顾及传统又承接当下。通过传统技艺学习、中国元素的挖掘，增加各专业课程"文化深度"；通过数字技术、虚拟现实将传统技艺引入现代创新，增加课程"技术深度"。最终，实现"就业有实力，创新有能力，发展有潜力"的高素质技术技能人才的培养目标。

4．书证共通

书证共通，学生在学习传统工艺技能的同时，也获得了与考证培训机构、技术技能协会对标的能力等级，为后续毕业前的职业资格证书等取证以及相关技能比赛做好前期铺垫。

四、研究实践后的反思

本研究是对传统教学的深入教学改革，拓展了深层次、多元化创新的育人路径，在探索实践过程中也总结了一些经验。

（一）要坚持走特色办学与传承创新之路

传承民族技艺是职业教育文化艺术专业的主要任务，以及在办学实践中形成的办学特色与专业特色，符合职业教育新时代的办学宗旨。

（二）要坚持区域协调与多方联动的机制

本研究人才培养路径作为当前职业教育创新研究切入点，以顺应北京"文化中心"定位和"博物馆之城"建设的任务为驱动，顺应市场、行业、企业的人才需求。

（三）要健全和完善文物专业育人模式的"生态"体系

开拓新的育人模式，需要有完善的制度作为基础，对场地、师资、经费、合作等各方面的制度进行完善，形成一套"生态"体系，保障良性循环，以此助推"文物＋非遗"的特色专业路线持续发展。

本研究创新文物保护技术专业的育人模式，以大师引领为方向、以活态传承为目的，坚持创新性地发展，使民族传统文化与现代科技文化相交融，既不墨守成规，又不天马行空。落实到"工"（工匠精神）与"艺"（技艺实践）的创新结合上，培养技能型文物保护技术专业人才；通过文脉传承、工艺传承、技能传承、师徒传承、教育传承、风格传承、审美传承、守正传承、创新传承提升传统技术的发展水平，推动传统技术高质量发展。

参考文献

[1] 郁振华.波兰尼的默会认识论 [J].自然辩证法研究，2001，17（8）：5-10.

[2] 万剑.以大师工作室为引领的非遗文化传承人才培养路径探索——以宁波职业技术学院工美专业为例 [J].职教论坛，2021，37（4）：153-157.

[3] 杨凯波，王奎萍，卢燕.以"大师工作室"为引领的高职园林专业人才培养模式探索——以扬州市职业大学为例 [J].江苏教育研究，2022（27）：73-76.

[4] 郝秀丽.基于技能大师工作室的高职非遗专业人才培养模式研究——以宝鸡职业技术学院凤翔非遗技能大师工作室为例 [J].陕西教育，2024（3）：49-51.

[5] 鄢嫦.非遗融入高职院校艺术设计专业人才培养的路径研究 [J].纺织报告，2024，43（1）：98-100.

[6] 朱辉球.大师引领 活态传承 项目驱动 基地融合——现代陶瓷专业育人模式创新实践 [J].景德镇陶瓷，2023，51（2）：1-6，115-116，125.

18

百年往事追忆
——纪念颐和园与
1904年的美国圣路易斯
万博会的外交篇章

The Summer Palace 2024

颐和园

一
六
——
一
一
七
——

18 百年往事追忆
——纪念颐和园与 1904年美国圣路易斯 万博会的外交篇章

贾 萌

引言

自鸦片战争以来，清朝政府实力减弱，从 1860 年到 1900 年，帝国主义国家两次攻陷北京，1900 年庚子事变后，清政府与英法美等国在北京签订了不平等的《辛丑条约》，中国受到了前所未有的欺辱。与此同时，西方国家已发明出飞机、汽车、无线电通信等前沿科技。两个在世界相同纬度的国家，却有着悬殊的国际地位，1882 年，美国国会通过了《排华法案》，拒绝让所有华人劳工入境，中国各界久已不满，新任驻美大臣梁诚抗议无果，同时很多西方讽刺漫画将慈禧太后描绘成丑恶愚钝的老太婆形象。此时的清政府亟需与美国缓和关系，改变形象，而 1904 年美国举办圣路易斯万国博览会（下文简称"万博会"），是中国等来的一次难得的外交机会。

1902 年逃亡结束回到北京后的慈禧太后不得不重新审视这个新世界，为了力求振作，改善与西方各国的关系和展示大国气派，慈禧太后安排御前女官裕德龄等担任翻译，与各国使节往来，开启了以颐和园为主要外交舞台的"游园外交""油画外交"和"照片外交"等独特的对外交往方式。从 1902 年 9 月开始，每年春、秋两季，慈禧太后便频繁在颐和园宴请各国公使、使馆工作人员及其眷属，每次觐见并赐游人数少则几十人，多达上百人，邀请外使游颐和园已经成了外交"惯例"，其中美国公使康格的夫人到颐

和园觐见慈禧太后时都表现得尤为积极，因此得到了慈禧太后的好感。

1901 年，美国总统发声明，邀请世界各国参加是 1904 年的美国圣路易斯万博会，为向中国示好也发出了邀请函，由当时美国驻北京的公使康格负责觐见游说中国派团出席万博会事宜，清政府决定参会，慈禧太后从经济、文化以及友好外交政策上都大力支持，后来美国提出退还庚子赔款，从此揭开了中国重返世界舞台的序幕。

一、颐和园中的"文化外交"与 万博会

（一）"游园外交"

1902 年清光绪皇帝与慈禧太后返回北京，动用巨款修缮被八国联军破坏的颐和园，并于 9 月 13 日来到颐和园居住。从 1902 年 9 月 23 日起光绪帝、慈禧太后开始在颐和园频繁接见各国使臣并赏赐游园（表 1）。

自此清政府在颐和园开启了独特的"游园外交"政策。为了更好地进行管理，还将位于颐和园东宫门东南侧的原军机处公所改设立为外务部公所。

在"游园外交"实施过程中，其中各国觐见的使者及夫人中，美国驻北京的公使康格及其夫人表现得尤为积极，于是逐渐得到慈禧太后的信任，因此康格

1902年（清光绪二十八年）	
9 月 23 日（八月二十二日）	光绪帝奉慈禧皇太后升颐和园仁寿殿宝座，同觐见德国使臣葛尔士及水军提督盖斯乐等
10 月 3 日（九月初二日）	光绪帝奉慈禧皇太后升颐和园仁寿殿宝座，同觐见各国使臣及使臣夫人等
10 月 11 日（九月初十日）	光绪帝奉慈禧皇太后升仁寿殿宝座，同觐见德国使臣贾斯那、水师提督马立山等
10 月 18 日（九月十七日）	光绪帝奉慈禧皇太后升升仁寿殿宝座，同觐见各国使臣等，特赐游宴，南北配殿赐果食
1903年（清光绪二十九年）	
2 月 26 日（一月二十三日）	法国驻俄头等参赞官巴多利同夫人来京拟仰瞻万寿山，准其于二十六日前往
5 月 3 日（四月初七日）	光绪帝奉慈禧皇太后升颐乐殿宝座，同觐见英国使臣夫人等
5 月 11 日（四月十五日）	光绪帝奉慈禧皇太后升仁寿殿宝座，同觐见各国使臣等，特赐游宴，南北配殿赐果食毕
5 月 12 日（四月十六日）	光绪帝奉慈禧皇太后升仁寿殿宝座，同觐见各国使臣夫人及参随等员，特赐游宴，乐寿堂赐果食毕
5 月 28 日（五月初二日）	外务部导行总税务司所备洋乐一班，至颐和园伺应，是日外务部官员、苏拉及进演洋乐人等均由东宫门出入
6 月 6 日（五月十一日）	光绪帝奉慈禧皇太后升仁寿殿宝座，同觐见英国使臣巨泰讷哩及水师提督裨利治等
6 月 10 日（五月十五日）	光绪帝奉慈禧皇太后升仁寿殿宝座，同觐见法国使臣穆默等
6 月 15 日（五月二十日）	光绪帝奉慈禧皇太后升仁寿殿宝座，同觐见美国使臣康吉及夫人等
7 月 30 日（六月初七日）	光绪帝奉慈禧皇太后升仁寿殿宝座，同觐见日本国使臣内田康哉及海军少将瓜生外吉等
8 月 5 日（六月十三日）	光绪帝奉慈禧皇太后升仁寿殿宝座，同觐见意国使臣嘎厘纳及水师提督弥勒贝六丈等
8 月 7 日（六月十五日）	美国画家卡尔携带画布工具，在美国公使康格夫人陪同下，到颐和园为慈禧皇太后作画
10 月 9 日（八月十九日）	光绪帝奉慈禧皇太后升仁寿殿宝座，同觐见各国使臣夫人及翻译等，特赐游宴，乐寿堂赐果食
10 月 10 日（八月二十日）	光绪帝奉慈禧皇太后升仁寿殿宝座，同觐见各国使臣夫人及翻译等，特赐游宴，乐寿堂赐果食
10 月 16 日（八月二十六日）	光绪帝奉慈禧皇太后升仁寿殿宝座，同觐见法国使臣及水师提督等，次觐见德国使臣及水师提督时等，次觐见德国使臣及德国巡抚等
10 月 27 日（九月初八日）	光绪帝奉慈禧皇太后升仁寿殿宝座，同觐见各国使臣、参随、武官等，特赐游宴，南北配殿赐果食毕退去
10 月 28 日（九月初九日）	慈禧皇太后将颐和园黄菊、五彩菊花送予各国公使馆和公使参赞夫人。光绪二十八年九月初九日也曾赠送，两年合计大至有数百盆

及其夫人在促成清政府高度重视派团参展及推动中美外交关系上扮演着重要角色。而且康格夫人还是慈禧太后与美国政客之间沟通的桥梁，1902 年 2 月慈禧太后派留学生出国学习和慈禧油画像于万博会现场展出都出自康格夫人建议。

（二）"照片外交"

慈禧太后在 1903 年时接触到了照相技术，并请御前女官裕德龄、容龄的二哥裕勋龄作自己的御用摄影师。

在万博会之前，她在颐和园拍摄了很多照片，其中 1903 年在万寿山拍摄的一组赏雪照片非常有名（图 1），而拍摄的具体位置多年来也广受人们关注，很多人尝试考证未果。

之后的几年，慈禧太后陆续拍摄了很多照片，不仅有生活照还有化妆成观音大士之类的仿妆照，很多文章在描述慈禧太后照相时都会形容成这是慈禧太后的个人癖好，本文认为这与慈禧太后的外交政策息息相关。当得知拍照比画像更快捷后，为了尽快改变庚

图 1   慈禧太后万寿山赏雪照

子事变后，外界把她当成一个落后、守旧、凶恶的老太婆的情形，她在画像完成之前便拍摄很多照片送给各国驻京公使和领袖。美国使馆也获赠了两张慈禧太后的大幅照片，其中一张还特意送给了罗斯福，于是罗斯福通过照片先一睹了慈禧太后的真面目。

（三）"油画外交"

1903 年 8 月 5 日，美国画家凯瑟琳·卡尔携带画布工具在美国公使康格夫人陪同下，到颐和园。凯瑟琳·卡尔是海关税务司柯尔乐的姐姐，之后在宫廷内外，被尊称为"柯姑娘"。

柯姑娘此行的目的，是为住在颐和园里的慈禧太后绘制肖像画，以参展 1904 年美国圣路易斯万博会。

由于康格夫人对当时外国人在中国的为所欲为和傲慢行为十分反感，曾在给女儿写的信中说："好几个月以来，我对报纸上那些关于皇太后陛下的可怕的、不公平的漫画一直气愤……我想到了请求皇太后陛下准许与她讨论关于为她画肖像的事。"

于是在康格夫人的多方努力劝说下，虽然慈禧太后最初对为自己画像是抵触的，但最终还是同意请一位美国画家为自己作画，这才有了柯姑娘赶赴颐和园为慈禧画像的机会。于是柯姑娘成为唯一在中国宫廷内一连待了 9 个月的外国女人，而且还是唯一替当时健在的中国后妃"慈禧太后"画过肖像的西洋画家。

从 1903 年 8 月到 1904 年，柯姑娘在颐和园和紫禁城共为慈禧太后画了 4 幅肖像。其中 1903 年 6 月 15 日至 1904 年 4 月 19 日绘制于颐和园德和园庆善堂的肖像（图 2），便是准备送往美国圣路易斯世界万博会的陈列品，也是慈禧最满意的第一张油画像，慈禧太后为其亲自设计樟木画框。

柯姑娘在回忆录《慈禧写照记》中提到，在绘画过程中，颐和园庆善堂为了采光方便，特意安装了专用玻璃和电灯，画像间隙，她曾在德和园中被赏赐看戏。

1904 年 5 月，当最后一幅画像完成，慈禧太后邀请所有驻京外国使节夫人在颐和园举行游园赏画会，柯姑娘绘制了慈禧太后颐和园赏画会图（图 3）。

1904 年 6 月 13 日，慈禧太后油画像送达圣路易斯市，在万博会展出。画像在运送途中用黄丝绸

图 2　慈禧太后参展万博会的油画像

图 3　柯姑娘绘制的慈禧太后颐和园赏画会图

覆盖，揭幕典礼由傅伦主持，且被定为万博会的正式仪式之一。

中国第一历史档案馆藏的清宫档案详细记录了这次画像参展的全部过程。

"光绪三十年（1904年）二月二十一日内廷口传，现在恭绘皇太后圣容告成，交外务部祗领，饬总税务司敬谨寄美国，即由赴美赛会正恭迎至圣路易斯会场，俾恭瞻仰……"

总税务司赫德致外务部申文："……初五日夜间行至崇文门大街，具见督办铁路胡大臣及执事洋员芦台、工程司伯经等，由堂子胡同直达车站，所设之铁轨甚属妥适，是以临时颇屑壮观，并未出有意外之事。又据瞿师傅由津回京恭报，圣容系于昨日午后两点半钟安抵天津车站，此时已由德税司在彼恭讶祗领迄……圣容抵津祗领后，业已及时由火车恭送塘沽登轮，安置妥帖，于下午四点半钟即行开船前往上海……"

驻美大使梁诚致外务部涵："……皇太后圣容由今启程，不日可到。诚即随伦贝子驰回会场，一面订定专车前往迎讶，……二十九日傍晚，专车行抵散鲁伊斯，先经诚等布置，借用会场铁轨，三十日直送至画院门首……""将圣容奉入厅事当中悬挂，时已子夜，中外男女翘首瞻仰，皆以幸得瞻就云日为希有之遭逢也……"

由此可见，清朝政府对这次"圣容"出访极为重视，觉得用普通枕木运送太后的肖像不合适，从外务部到前门外的车站铺设了一段专用铁道。从北京起运后，沿途官员均以最高礼仪迎送圣像。

1904年6月19日下午4点，在美国圣路易斯美术馆，大清帝国皇室特使溥伦及清国特使团，会同圣路易斯美术馆馆长、副馆长以及美国艺术委员会的另外几位成员恭候来自中国的慈禧太后油画像。几天之后，这幅肖像对外展出，观者云集，慈禧画像就这样第一次在美国亮相，惊艳世人。

据美国史密斯博物馆解密档案记载，慈禧太后油画像在万博会展出中备受重视，摆放于美术宫的中央位置相当醒目（图4）。据当时媒体报道，只要涉及中

图4　摆放慈禧太后油画像的场馆内景

国参展，往往连带提到画像，称其备受赞美。

当时在国外的报道也为我们回顾了当时的盛况，1904年7月9日《图片报》以《清朝慈禧太后的画像运往圣路易斯世界万博会》为题发表新闻：美国艺术家卡尔小姐所画的清朝慈禧太后的肖像，正运往圣路易斯。此时的画像已经封存完好，正在从北京运往塘沽的途中。画像由黄色锦缎包裹，外加一些清朝特色的包装。慈禧不允许使用人力运送，为将画像从故宫送往北京车站，专门开辟了条通道。火车经过的各大车站都有士兵把守，经过时士兵一律跪地叩首。

1904年12月万博会结束后，中国驻美大臣梁诚代表清朝政府特意把画像作为礼物送给了罗斯福，在华盛顿蓝厅举行的馈赠仪式中，罗斯福总统目睹这幅画像，指示立即入藏华盛顿国家博物馆，以永久纪念中美友谊。1966年该画像以长期借展名义由华盛顿运往中国台湾，现藏于台湾历史博物馆。

二、万博会让中国重返世界舞台

（一）中国各界积极参与

1902年7月27日，经过深思熟虑，慈禧太后决定参加美国圣路易斯万博会，积极将中国文化推广到世界舞台。经中国海关总税务司赫德等人建议，1902年12月2日清朝政府决定派爱新觉罗·溥伦担任正

监督出访美国，1903年1月5日黄开甲与柯尔乐赴任副监督，准备前往美国筹办各项参展事宜。

与此同时，清政府也积极拓展中美外交关系，新上任的驻美大臣梁诚率团首次代表中国出现在华盛顿的社交舞台。

尽管清末政府财政困难，但从1903年3月23日制定的参展预算标准500000两龙银（美金300000元）来看，清政府非常重视这次参展。筹款工作由主掌清朝财赋重镇的两江总督负责，1904年4月27日，慈禧太后又给参展预算增加了三分之一，此时的筹备经费约美金400000元。例如，两江总督魏光焘与兼署湖广总督的端方的电文（图5），可以看出中国各省官员支持参展的事宜。

万博会中，各国均需要筹建代表自己国家的建筑，中国馆筹办时，由清政府自中国派工匠赴美全权包办，既经济实惠又展现中国建筑特色，中国馆的建筑就是模拟当时正监督傅伦在北京的皇家园林来建造的。1903年6月30日，中国参展副监督黄开甲等人带着一批工匠马不停蹄地赶往会展现场。

（二）清使团留洋出访

傅伦，年仅三十，虽无洋务经验也未参与国政，但因其皇族及团长身份备受重视，大会特别为他安排了装饰精美的四轮马车，待遇一如欧洲贵族，他的一举一动备受瞩目。清政府参展团对中国服饰及发式的坚持以及傅伦勇于接受西方文化的表现广受媒体称道，从而成为大会焦点。

中国馆蓝图尚未揭晓前，西方媒体也十分好奇，并且迫不及待地搜集中国首次以官方身份参展的话题消息。中国馆的设计源自傅伦贝子北京的皇家花园的信息更是让媒体疯狂。

1904年5月7日，中国馆的开幕与中国官方代表的华丽清装成为万博会焦点（图6）。

中国馆位于行政大道，面对瑞典馆，临近行政大楼，共使用6500块木头，纯手工兴建，梁柱以乌木和象牙镶嵌，其建筑师是长期居住在中国的英国人艾坚逊和达拉斯。中国馆在万博会中十分显眼（图7），

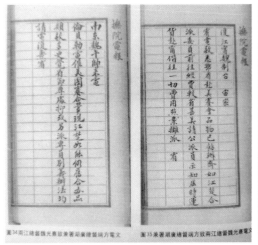

图5　两江总督魏光焘与兼署湖广总督的端方的电文

图6　溥伦穿清装参加万博会开幕式

图 7　中国馆正门全景

华丽的牌坊引人注目。

　　1903 年 1 月，清政府回复美方参展邀请，预算费用为 750000 龙银（约美金 500000 元），此次参展的展品由赫德负责安排，涉及有 53 家民间企业。表 2 为中国展品类别统计。

表 2　　　　　　　　　中国展品类别统计表

品类	价值（美元）
工艺品（瓷器、景泰蓝、丝绸、玉石、象牙、青铜、扇子等）	510200
皮草类	6500
洋灰与耐火砖类	1000
雕刻艺术与绘画类	11600
蝴蝶标本类	100
腌制肉品与农产品类	100
钱币与邮票类	5000
银器工艺与灯笼类	2750
民间展品	537250
政府展品	40000
各省展品	61000
合计	1175500

（三）参会的外交目的

　　1904 年美国圣路易斯万博会不仅是中国与西方世界经济、文化交流的平台，也是清政府积极拓展中美军事合作的契机。

　　1904 年 5 月，傅伦代表慈禧太后在访美过程中按美国政界与军方的安排，秘密进行了许多军事任务，包含采购军火、招募美军等，除此之外，还前往

美国重镇与美国东岸进行短暂的外交访问与官方任务。在开幕仪式中，大会还致赠了溥伦贝子万博会纪念金表，作为中美两国文化外交的见证，1904 年 6 月，溥伦到美国金融重镇纽约华尔街访问，继续外交任务，他受到当地金融家热情款待，还亲临唐人街与侨民相聚。

三、晚清外交成果

（一）万博会掀起"中国热"

　　万博会中有一处须另付费进入的"PIKE"区，建有一座民间投资建设的中国村，这在清末中国参加的万博会上是罕见的。中国村内有戏院、庙宇、茶居，为参观者进行京戏、舞龙舞狮、戏法杂技等表演，还有两所供应中国菜的餐馆，其中一座上海餐馆在历史照片上清晰可见；同时，中国带来的一件特殊"展品"，一首来自中国的江南小调也第一次在中国村响起，这就是享誉世界的名曲《茉莉花》。此曲一出，惊艳世人。

　　展会期间，傅伦率代表团访美，先后拜访罗斯福总统、出席万博会开幕式、为中国馆揭幕，并进行一系列外交活动，再一次引起了美国媒体对溥伦一行的高度关注、跟踪报道，《纽约时报》称赞其为清皇室"最为民主的成员"。

　　这次万博会共举办 183 天，60 个国家和地区参展，其中 17 个国家修建了展现自己国家形象的国家馆，中国馆就是其中之一。自万博会开幕式那天起，溥伦贝子及中国商团便为宣传中国馆而努力。中国馆"Chinese pavilion"被当地媒体称为"本届万博会上最漂亮的东方建筑典范"。

　　中国展品琳琅满目，包含了中国各地方珍品。大到皇室的卧榻、桌椅、香炉、绣屏，小到古玩艺术品，深深吸引着参观者。上海的茶瓷公司参展的上等茶叶在世博会上经多项严格考评，获得大奖（Grand

Prize），并引起美国白兰克公司的兴趣。这家美国公司不仅收购了茶瓷公司在会场剩余的全部4万磅茶叶，还当场与其订立销茶合同，以后白兰克公司充当茶瓷公司在美国各州的代理商，永久代售茶瓷公司的各种茶叶商品。

此外，中国展品在这次万博会上多有美誉斩获：景德镇瓷器、北京宫毯、上海启新洋灰均获好评，尤其是北京宫毯，作为"燕京八绝"的八种北京老传统工艺之一，在万博会上蜚声中外，获得大奖。这些御用的宫廷之物，样貌上等，用丝绸编织，因工艺精湛、尊贵典雅，颇受参观者喜爱。

慈禧画像作为最具外交意义的特殊展品，一经展出，人们为一睹这位东方神秘太后的真面目，争相到万博会的美术馆，观者如潮。

（二）中西文化互融

在此次万博会上，中西文化交流达到了前所未有的高潮。万博会期间，中国展团不仅展示了传统的丝绸、瓷器和茶叶等商品，还展出了许多代表中国近代工业发展成就的新奇产品，如改良后的农具和纺织机械。这些展品不仅吸引了西方观众的目光，也成为中西文化交流的桥梁。据万博会的官方记录，中国展区接待了超过1900万人次的参观者，其中不乏对中国文化抱有浓厚兴趣的西方学者和外交官。通过这些互动，西方世界对中国文化的认识得到了深化，而中国也借此机会学习了西方的科技和管理经验。溥伦代表团在万博会期间与美国的工业家和发明家进行了深入交流，探讨了如何将西方的工业技术应用于中国的现代化进程中。这种文化的互鉴和知识的交流，不仅促进了双方的相互理解，也为后来的中外合作奠定了基础。

1904年圣路易斯万博会不仅是一场国际性的展示盛会，更是中国近代工业与科技发展的一个重要转折点。万博会为中国近代工业的发展提供了宝贵的经验和启示。通过将本国展品与西方国家的展品作比较，

中国代表团意识到了本国工业技术的落后，从而激发了国内对工业现代化的重视和追求。据史料记载，万博会后，清政府开始着手推动一系列的工业改革措施，包括建立新式工厂、引进西方技术、派遣留学生学习西方科学知识等，这些都为中国的工业化奠定了基础。

此外，万博会对中国近代科技发展的长远影响还体现在对国内创新意识的激发上。在万博会上，中国代表团接触到了许多当时世界先进的科技成果，如电力、蒸汽机、电话等，其中应用到颐和园的科技成果有：清光绪三十年（1904年），由荣华洋行电气工程师威廉达宜承办，洋工匠瑞士敏和西苑（中南海北海）电灯公所工匠等进颐和园，安装盛宣怀向德商荣华洋行订购的发电设备；清光绪三十四年（1908年）七月，自颐和园水木自亲至西苑来薰风门东配殿装设专线电话，专备慈禧皇太后与光绪帝使用。图8展示了旧金山唐人街首位电话接线员。

这些技术的展示不仅开阔了国人的眼界，也促使中国开始思考如何将这些先进技术与本国实际相结合，推动科技的本土化发展。正如梁启超所言："观世界之大势，知中国之不足，然后可以发愤图强。"万博会的举办，无疑为国人提供了一个"观世界之大势"的窗口，激发了国人发愤图强的决心和行动。

从长远来看，圣路易斯万博会对中国近代工业与科技发展的影响是深远的。它不仅促进了中国与世界

图8　旧金山唐人街首位电话接线员

的交流，还加速了中国从一个以农业为主的传统社会向工业社会的转变。万博会的举办，为中国提供了一个学习和借鉴世界先进科技与管理经验的平台，为中国近代工业与科技的发展注入了新的活力。

可以说，圣路易斯万博会是中国近代化进程中的一个重要里程碑，它不仅展示了中国在国际舞台上的形象，更为中国的现代化道路指明了方向。

（三）退还庚子赔款

清政府以及慈禧太后大力支持万博会并积极与美国交好的举动使美国总统西奥多·罗斯福大为感动，罗斯福第二次当选为美国总统时，特意派爱女爱丽丝·罗斯福于1905年前往中国旅游，并拜访慈禧太后，慈禧太后和光绪皇帝在颐和园热情接待了她。

到达北京后的第一天，爱丽丝参观了天坛，下午坐着特意给她准备的四人轿子到达颐和园，并且住在宫殿里，享受了丰盛的赐宴（图9）。下面摘抄一段爱丽丝小姐的日记。

"我和我的女伴们在庆亲王的宫殿里过了一夜，中国的宫殿就像其他所有的中国房子一样，在庭院四周建造了一组单层高大的厅堂，而每个厅堂又分成三

个独立房间。我自己住一个独立的厅堂，我的卧室在厅堂的侧间里，装修的天花使得卧房显得比中央房间小且低得多。晚宴是在庭院里进行的，各种中西式的食物交替不断，我只吃了我喜欢的中国菜，特别是鲨鱼翅，是用玫瑰酒把它冲洗过的，而玫瑰酒味道非常棒，类似清酒或非常顺滑的利口酒，且酒劲非常强。这种酒劲比较滞后，直到晚餐将近结束时我才感觉到它的强劲。经过漫长的一天游览，会客，我决定晚饭后直接上床睡觉，以便第二天很早就开始的仪式。

当我们坐在桌边谈话的时候，我开始意识到玫瑰酒后劲的强大，以至于我都不能按直线从庭院走回到我的房间。当我说话的时候感觉到其他人的面孔在我面前摇动，我听到自己的声音很远，却非常清楚。我开始想笑作为总统女儿的我，在皇太后的夏宫过夜，却完全不确定是否能够准确地把握自己。当我能够站

图9　北京日报刊登的关于爱丽丝·罗斯福访华的文章《醉卧颐和园》

一二四 — 一二五 —

颐和园

The Summer Palace 2024

◇ 18 ◇

百年往事追忆

纪念颐和园与
1904年美国圣路易斯
万博会的外交篇章

起身，并且能从容地说出"晚上好"时，我又重新拾回了惊喜的感觉，我已经把所有注意力都放在那个距离我像远在天边的房门。不过我终于到了那里，我不相信任何人，但我知道我真的被那玫瑰酒所陶醉了。刚刚在吃晚饭之前，我还厌恶的那个硬的就像是一段原木的中式枕头，现在一点儿也没有感到不舒服。我倒在床上，一动不动直到第二天早上七点才醒来。我从来没有感觉到如此之好。"

第二天也就是9月14日上午，慈禧太后和光绪皇帝在颐和园仁寿殿一同接见了爱丽丝小姐一行人及美国公使柔克义。会见结束后，爱丽丝小姐一行与光绪皇帝的后妃及中国公主们一起午餐，餐后又游览了颐和园。慈禧太后不但加入了她们一行，还赏赐给她们贵重的礼物，并表达了对美国的高度尊重，和对罗斯福总统的问候。愉快而丰富的一天过去了，在后面的几天里慈禧太后更是破例安排代表团参观了紫禁城和西苑。

1906年2月爱丽丝要在白宫举行婚礼，慈禧太后特意让人准备了一大箱名贵的丝绸衣物和锦缎，专程送到了白宫，这份礼品在当时各国领袖馈赠的珠宝、貂皮等礼品中显得既贵重又有特色，爱丽丝非常喜欢。

由万博会开始，清政府与美国友好邦交的政策取得了良好的成效，罗斯福于1908年签署法案，退还了部分庚子赔款，主要用于支持中国官派留美学生。

胡适先生曾在《美国退还庚子赔款记》中详细描述了此事件始末。

"西历一千九百零七年十二月，美国总统罗斯福君咨文议院，中有一节论赔款善后事宜，其言曰：当日政府之初意，本欲俟各种损失清偿之后，即以盈余之数交还中国，以为友谊之证，云云。是为美国退还赔款之议之肇端。罗氏又云：此邦（美国）宜竭力助中国之教育发达，使此地大人众之帝国，能振拔以适于今日之竞争世界，即如招致中国学生来此邦留学高

等教育，亦达此目的之一法也。据此则赔款遣学生，其议实创自罗氏也。

明年正月，议会通过议案如下：大总统得有全权，斟酌减损一九零一年九月七日与中国所订拳乱赔款二十四兆四十四万七百七十八元九角一分之债券，须使此项赔款之总数，不得过一十一兆六十五万五千四百九十二元六角九分（此即美国损失实数），期所余之数，大总统斟酌行之。

是时十二月二十八日，以国务卿鲁特（Elihu Root）之进言，总统罗斯福下令曰：（上略）准此则美国政府除确实费用及一切损失赔偿一十一兆六十五万元零之外，所余十二兆余美金，实为浮数，受之有惭德，应以之退还中国，以全友谊。惟中国自一九零一年七月一日至一九零九年正月一日，共已付若千金，于此一十一兆六十五万元之数，尚不足九兆六十四万元有奇，其自一九零九年正月一日以后，于中国每年分付之赔款内，留其若千份以凑足此九兆余元之数，而分其若千份，以归还中国。"

1907年12月，罗斯福向国会提出咨文，其中提到：美国政府除确实费用及一切损失赔偿1165万元之外，所余1200万余元，实为浮数，受之有惭德，应以之退还中国，以全友谊。

这项提案在美国国会顺利通过，1908年，美国正式宣布退还"庚子赔款"的半数，计1160余万美

元给中国，作为资助留美学生之用。

慈禧太后一系列的外交手段，拉进了中美之间的关系，也直接促进了庚款兴学，是近代中美关系史上一件值得肯定的事情。

四、结语

这次万博会是中国首次以官方的形式参会，是晚清时期中国参展的最具代表性的世博会，慈禧太后积极支持参会，虽未亲临，但通过以颐和园游园为外交平台展开"游园外交""油画外交""照片外交"等方式打通了晚清政府与世界的联系，做了一次成功的外交实践。在当时，中国正处于内忧外患之中，溥伦代表团的外交活动，不仅是为了展示中国文化的独特魅力，更是为了在国际社会中寻求支持。

晚清统治者产生了改革开放的意识，使古老中国迈出走向世界的第一步，但无法改变清朝灭亡的最终命运。值得一提的是，当时中国民主革命的伟

图10 2024年遗产与景观保护大会相关人员到颐和园参观并与颐和园研究院领导交流

大先驱孙中山先生正在美国开展革命宣传，他游览万博会后也给予了高度评价，称此会为"新球开辟以来的一大会"。孙中山先生是中国历史上倡导对外开放的先驱，并且提出了较为系统的"开放主义"思想，此时新旧交替，中国革新，一个伟大的中国以更加开放的姿态迈步前来。1978年12月召开十一届三中全会后，对内改革、对外开放的政策成为我国基本国策，此时的中国进入了新的发展阶段。党的十八大，习近平同志开创性提出共建"一带一路"倡议，着眼于各国人民追求和平与发展的共同梦想，为世界提供了一项充满东方智慧的共同繁荣发展的方案。2024年7月，二十届三中全会提出中国式现代化是走和平发展道路的现代化。中国的改革开放深刻影响了中国乃至世界。

自新中国成立以来，颐和园接待各国重要首脑数不胜数，"游园外交"依然是对外交往的其中一个重要形式。与以往不同的是，2018年颐和园研究院成立，对外交流是其一项重要的职能，不仅要接待国内外访问学者，促进相关学界的沟通与交流，同时还要开展学术项目的国内、国际合作，组织大型国际学术研讨会，开拓颐和园科研的学术视野。2024年10月23日，ICCROM-BFU 2024遗产与景观保护大会到颐和园开展交流活动，项目的相关官员及国际嘉宾与公园管理中心及颐和园研究院领导进行了座谈（图10），就关于世界文化遗产如何保护利用、遗产研究者与管理者之间如何合作等方面进行了深入交流和探讨。

此时的"游园外交"不再是晚清被迫之下的开放外交，也不再是新中国成立初期为了改变贫穷落后面貌之举。此时的我们，为以中国式现代化全面推进中华民族伟大复兴而努力，注重人与自然和谐共生，秉持和平合作、开放包容、互学互鉴、互利共赢的理念，推动实现世界各国的现代化，致力于建设一个开放包容、互联互通、共同发展的世界，推动构建人类命运共同体。

参考文献

[1] 居蜜. 1904年美国圣路易斯万国万博会中国参展图录 [M]. 上海：上海古籍出版社，2010.

[2] 吉正芬. 晚清外交体制研究（1861—1901年）—总理大臣与北洋大臣 [D]. 成都：四川大学，2006.

[3] 北京市颐和园管理处. 颐和园大事记 [M]. 北京：五洲传播出版社，2014.

[4] 单霁翔. 故宫藏影西洋镜里的宫廷人物 [M]. 北京：故宫出版社，2018.

[5] 胡寄尘. 清季野史 [M]. 长沙：岳麓书社，1985.

19 文化遗产地历史园林植物景观的保护与实践

——以故宫御花园为例

贾慧果

引言

作为世界文化遗产的故宫现存四座较大的园林和几座具有鲜明园林景观特色的庭院。园林分别是御花园、慈宁宫花园、宁寿宫花园和建福宫花园，被称为四大花园；具有典型园林景观特色的庭院有英华殿、景福宫和文华殿三大区域。御花园和慈宁宫花园为明代园林，宁寿宫花园为清代园林，而建福宫花园于1923年毁于火灾，2005年复建完成。宫廷园林在紫禁城这座以建筑为主的宫苑中显得尤为突出，其间轩亭楼阁精巧别致、古树名花青翠葳蕤、叠山理水相映成趣……时至今日，仍焕发着独特的景观魅力。

山石、水体、建筑、植物是构成中国古典园林的四大要素，多年来，关于历史园林遗产保护和维护的研究多集中于园林景观布局、建筑本体保护、古树的保护复壮与植物病虫害防治方面，关于植物景观的保护和修复报道较少。历史园林面临着日益严峻的开放与保护的冲突，某些植物景观无形中在日渐消亡，如何做好植物景观的保护工作显得尤为重要，是否恢复历史园林中消失的植物景观是值得讨论的课题。本文以故宫御花园植物历史景观的保护与实践为例，对这一部分"活遗产"如何开展保护展开讨论。

一、历史园林保护的国际公约及适用性

（一）历史园林保护的国际公约

当前，关于文化遗产类的保护的国际公约主要有7个。国际上最早的具有权威性的历史文化遗产类保护条约是1933年的《雅典宪章》；1964年，国际古迹遗址理事会（ICOMOS）通过《威尼斯宪章》，首次明确了历史文物建筑的概念以及保护与修复文物建筑的需求；1987年，ICOMOS的第8届全体大会上通过《保护历史城镇与城区宪章》，即《华盛顿宪章》；在以上历史建筑文物保护条约基础上，1982年针对历史园林保护的问题，ICOMOS发布了《佛罗伦萨宪章》，并将其作为《威尼斯宪章》的附件。1994年，针对东方文化遗产的保护，联合国教科文组织订立《奈良宣言》；1972年，联合国教育、科学及文化组织大会第17届会议通过了《保护世界文化和自然文化遗产公约》；2021年，通过《福州宣言》。

（二）《佛罗伦萨宪章》与中国历史园林的适用性

《佛罗伦萨宪章》是对历史园林中植物景观的保护和修复做出了纲领性的指导。该宪章指出"历史园林是主要由植物组成的建筑构造"，第三条指出"它是一个活的古迹，其保存必须遵循特定的规则进行"。因此，历史园林中的植物是有"生命力"的，受自身生理特点、自然环境及养护管理的影响，植物必然会出现衰败，甚至会有消亡的风险。因此宪章中明确指出，对植物景观应采取"维护、保护和修复"的理念，并提出了应遵循的原则：植物景观需不断维护、及时更换，并要求有长远的定期更换计划；任何危及生态平衡的自然环境变化必须加以禁止；修复必须尊重有关园林发展演变的各个相继阶段；未经彻底

保园文◇
护林化19
与植遗◇
实物产
践景地The Summer Palace 2024
——观历颐和园
以的史
故
宫
御
花
园
为
例

一二八
——
一二九
——

研究，修复和重建不得进行[1]，确保历史园林景观得以长久地留存。

《佛罗伦萨宪章》在历史园林保护的真实性和完整性方面给予了一定的规定，但是文化遗产具有多样性，尤其中国历史园林"植物及其生命力联系文人审美、山水环境及建筑物的文化特征"所阐释的"意境"并未在宪章中提及如何进行保护[2]。关于保持历史园林的"原真性"问题，即是要通过翔实的史料在历史园林维护中保持其"原态"，坚守造园意匠和意境[3]。这是在中国利用《佛罗伦萨宪章》探讨历史园林保护时应该注意的问题，以免因史料缺失，作"破坏性"修复，而使历史园林失去其"真实性"。

二、御花园概况及其植物景观现状

（一）御花园概况

御花园位于故宫坤宁宫后，明代称"宫后苑"，清代称"御花园"，东西长140米，南北长80米，占地面积约12000平方米。整个花园以钦安殿院落为中心，呈现东西对称的布局，现存有名称的建筑13座，花园东部自北向南依次为堆秀山御景亭、摛藻堂、凝香亭、浮碧亭、万春亭、绛雪轩、井亭，花园西部自北向南分布有延晖阁、位育斋、玉翠亭、澄瑞亭、万春亭、四神祠及其后鹿囿、养性斋。御景亭是东部最高的建筑，延晖阁是西部最高的建筑，因此，其是观赏整个花园及园外景观的两个制高点。

（二）御花园植物景观现状

御花园现存植物以古树名木为主，现存古树名木111株，涉及桧柏、侧柏、白皮松、楸树、龙爪槐5个树种，其中桧柏72株，侧柏32株，白皮松3株，楸树和龙爪槐各2株，因此柏树是园中的基调树种，是构成御花园历史园林植物景观的重要组成部分。柏树广布全园，集中分布于堆秀山前形成山林的景观意境，其次分布于延晖阁前形成"柏森森"的园林意境。御花园常绿松柏树多为明清遗存植物，另有约30株柏树因胸径小未被列为古树。

除了常绿松柏树，园中尚有玉兰、二乔玉兰、杏、太平花、榆叶梅、佛手丁香、牡丹等花木，其次有攀缘植物紫藤、地锦及厚萼凌霄，以及宿根花卉芍药、萱草，植物配置丰富，富有层次性。

三、御花园植物景观的维护和修复

（一）御花园植物景观的维护

对于御花园植物景观的维护，包含有两方面工作，一是对古树名木的保护和复壮，一是对园内花木的养护。古树名木是珍贵的自然和文化遗产，是构成御花园历史园林植物景观最重要的部分，是保持御花园园林风貌最核心的造园要素，每年应对其进行必要的维护，包括日常养护和保护复壮。而花木因季相变化呈现不同的形态而构成了园中美景，更体现了园林的"诗情画意"，应适时对其养护以保持良好的形态。

古树名木日常养护主要包括浇水、枝条整理及有害生物防治。近年来，故宫已建立了一定的病虫害监测机制，贯彻"预防为主、综合防治"的指导思想，加强重点害虫的巡查监测和预警，推广使用高效低毒药剂等无公害的防治方式，促进古树的健康生长。古树病虫害防治理念由消灭虫害发展为将害虫控制在一定范围内，大力开展生物防治，通过释放肿腿蜂、捕食螨、异色瓢虫等天敌昆虫"以虫治虫"，以期实现"环境、古树、有害生物、有益生物"的生态调控。古树保护复壮包括树体支撑加固和树洞修复，规避古树树体倾倒和枝杈折断的风险。近年来，故宫引入了艺术仿木支撑和树洞仿真修复技术，不仅实现功能性上对古树的保护，而且因树体形态的"仿真性"，实现了对历史园林整体景观的最小干预和最小破坏的效果。

对非古树的花木，适时开展整形修剪、施肥和浇水及病虫害防治，使其外观在自然形态的基础上，保持花木形态不杂乱、疏密有致，树势均衡，适时开花，从而更具有观赏价值，以营造出独特的植物景观意境。

（二）基于史料的植物景观的修复

因常绿松柏树是构成御花园历史园林景观的主要部分，因此零星点缀在园中的花木景观显得尤为珍贵。故宫园林工作者在查阅清帝御制诗文、档案及史料的基础上，几十年来，一直在不断地探索御花园部分历史园林植物景观的修复。这些花木有浮碧亭前玉兰，澄瑞亭及浮碧亭鱼池内莲以及园中牡丹、芍药、辛夷、萱草等。

1. 史料记载的园中花木

清代，堆秀山至绛雪轩一带是御花园中植物景观最丰富的区域，这里曾经栽植有桃、玉兰、牡丹、萱草，呈现出一派鸟语花香的植物景观意境。清乾隆帝《仲春御花园作》诗云："秾春何处归来早，堆秀山前绛雪轩。已许游蜂依蕊簇，未教新燕傍枝翻。周阿玉树斜临榭，放溜金波曲抱源。渴望甘膏疏宴赏，休言树背有丛萱。"该诗是对春日里御花园植物景观意境的直接描摹。大量的清帝御制诗[4]及相关史料[5-8]记载了明清时期的御花园植物景观，其中以清代乾隆时期的史料最为丰富，见表1。

表 1　　　　　　　　　　　　史料中记载的御花园历史植物种类统计表

植物名称	文献内容	栽植位置	文献名称	文献类型
玉兰、萱草	秾春何处归来早，堆秀山前绛雪轩。已许游蜂依蕊簇，未教新燕傍枝翻。周阿玉树斜临榭，放溜金波曲抱源。渴望甘膏疏宴赏，休言树背有丛萱	堆秀山、浮碧亭、绛雪轩	《仲春御花园作》	清高宗御制诗
桃、柳	堆秀山前桃始华，延晖阁畔柳丝斜	堆秀山、延晖阁	《上苑初春》	清高宗御制诗
牡丹	琼苑初停青帝辔，瑶台欲绽鼠姑芽	堆秀山	《上苑初春》	清高宗御制诗
辛夷	一阵香风递玉墀，却缘锦绽墨辛夷	御花园	《御花园首夏》	清高宗御制诗
芍药	墨辛夷开香满庭，井栏底用护花铃	御花园	《芍药》	清高宗御制诗
藤萝、杏、桃	禁松三百余年久，女萝施之因亦寿。每携春色见薰风，似顾杏桃开笑口	御花园	《咏御花园藤萝》	清高宗御制诗
海棠	庭前古海棠数株，以此得名	绛雪轩	《清宫述闻》	书籍
海棠、桃、李	精典春行命跸回，御园问景一徘徊。似缘翠馆今朝幸，不约东风特地开。缀玉有诗笑惹李，蕊珠何处惹尘埃。丁宁蝶雪枝头妆，莫便寻常点绿苔	绛雪轩	《绛雪轩海棠》	清高宗御制诗
海棠、太平花	御园春满海棠遮，绛雪轩前一片霞，昨日西川新奉进，琼枝赐号太平花	绛雪轩	《清宫词》	书籍
太平花	庚子之后，大内和颐和园中的太平花，皆是圆明园中分出来的	绛雪轩	《太监谈往录》	书籍
梅花	玉砌净无滓，毡棚护寒英。迎腊舒蓓蕾，先春逗素馨	绛雪轩	《绛雪轩》	清仁宗御制诗
竹	钦安殿前修竹园，百尺琅玕护紫垣	钦安殿	《清宫述闻》	书籍
枣、竹	小苑傍城阴，蒙茸花木深。枣垂红纂纂，竹动碧森森	御花园	《清宫述闻》	书籍
牡丹、兰、莲、葡萄	乾隆时，三月御花园花卉，葡萄出窖，九月入窖。栽藕亦在三月……当时园中，花以牡丹、盆兰最盛	御花园	《清宫述闻》	书籍
睡莲	由御花园出来，最远到浮碧亭，看看睡莲，逗逗金鱼	浮碧亭及澄瑞亭下鱼池	《宫女谈往录》	书籍

2. 清宫老照片中显示的植物

清末，照相技术传到清宫，御花园中的美景也被以影像的形式记录下来，可见园中花木繁盛，养性斋至四神祠的假山处花木配置丰富，栽植有地锦和梅花（图1），浮碧亭南至万春亭栽植牡丹（图2）。

3. 植物景观的修复

基于史料记载的清代御花园丰富的花木景观，故宫在20世纪即开始陆续对园中的植物景观进行修复。20世纪50年代，养性斋前的假山前栽植2株龙爪枣，恢复了"枣垂红纂纂"的植物美景；20世纪90年代，重新栽植了玉兰、芍药、萱草、竹子、藤萝、睡莲

图1　清末养性斋前假山处栽植的梅花和地锦景观
（图片来源：故宫博物院）

图2　端康皇太妃、婉容等在浮碧亭西南的牡丹圃内
（图片来源：故宫博物院）

等。堆秀山至绛雪轩一带自清代一直栽植牡丹，对于长势衰弱的牡丹每年进行更新，2007—2008年，因园中牡丹长势严重衰弱，全部进行了更换，以保证花期时处于繁花状态，之后对于圃中缺失的牡丹，历年继续适时进行补植。20世纪园中还补栽了一些花木，绛雪轩前绿地内栽植了萱草，千秋亭四周栽植了芍药，延晖阁西栽植了竹子，鱼池内栽植睡莲，枯死柏树上栽植藤萝。2000年后，在千秋亭南栽植二乔玉兰（代替辛夷），于浮碧亭前栽植了白玉兰；2011年左右，因芍药长势衰弱，千秋亭四周芍药进行了全部更换。自此，御花园的部分花木景观被修复，整个花园的园林意境更接近于清代御花园的历史植物景观的意境。

四、结语

《佛罗伦萨宪章》虽然有不适于中国古典园林修复的内容，但根据国内实际情况进行调整，其仍然可以作为中国历史园林植物景观维护与修复工作的首要依据[9]。得益于御花园充足的明清史料，以及经过对园中进行实地勘察，近70年来，故宫园林工作者对御花园部分植物景观进行了维护和修复，从未停下对紫禁城历史园林植物景观的研究，以及维护与修复的实践。

《佛罗伦萨宪章》中的第四条指出历史园林包括植物的"品种、面积、配色、间隔以及各自高度"[1]。

御花园在植物景观的修复工作中，也存在一些不足之处，例如对于植物品种的选择不够严谨，牡丹品种的选择应注意选择中国本土的中原牡丹、江南牡丹、西北牡丹或西南牡丹，而不是日本、美国或法国这些国外的牡丹品种。对于一些过高的花木，应当适时进行整形修剪或者进行更新以控制体量，以实现较高的观赏效果。对于园中栽植的与历史园林植物景观不符合的花木，应当适时去除。今后，还应继续探索植物景观营造意境方面的解读，在充分认识植物体量与园林空间的关系的基础上对植物进行适度的调整，以及在选择植物品种等方面进行更加深入的研究。历史园林中的各种维护及修复工作始终要以其"原真性"为准则，做到"园因景异"，使每座历史园林各有特色并独具魅力！

参考文献

[1] ICOMOS. The Florence Charter[M/OL]. (1982-12-15) [2018-07-15]. http://www.getty.edu/ conservation/ publications_resources /charters.

[2] 张冬冬 . 文化遗产类历史园林植物景观保护与修复：以国际公约及国内外实践为切入点 [J]. 风景园林, 2019, 26 (5)：109-114.

[3] 傅岩，石佳 . 历史园林："活"的古迹：《佛罗伦萨宪章》解读 [J]. 中国园林, 2002（3）：74-78.

[4] 《清代诗文集汇编》编纂委员会 . 清代诗文集汇编 [M]. 上海：上海古籍出版社, 2010.

[5] 章乃炜，等 . 清宫述闻 [M]. 北京：紫禁城出版社, 2009.

[6] 金易，沈义羚 . 宫女谈往录 [M]. 北京：紫禁城出版社, 2010.

[7] 信修明，等 . 太监谈往录 [M]. 北京：紫禁城出版社, 2010.

[8] 夏枝巢 . 清宫词 [M]. 北京：国立北京师范大学文学院, 1941.

[9] 张冬冬 . 历史园林植物景观保护与修复思想探索——以颐和园写秋轩为例 [J]. 中国园林, 2020, 36（1）：118-121.

20 民国时期颐和园的管理与建设研究（1914—1937年）

李尚峰

一、颐和园的开放管理

（一）颐和园的开放

关于颐和园的开放历程，按照本文所涉及的时间段，根据重大历史事件归纳，有以下几个重要的时间节点：民国二年（1913年），民国三年（1914年），民国十三年（1924年），民国十五年（1926年），民国十七年（1928年），民国二十六年（1937年）。

1. 民国二年（1913年）

中华民国建立以后，根据《关于大清皇帝辞位之后优待条件》第三款："大清皇帝辞位之后，暂居宫禁，日后移颐和园，侍卫人等，照常留用"，2月20日，清朝末代皇帝宣统帝溥仪颁布退位诏书，颐和园仍由清室内务府管理。所以颐和园当时为逊清皇室财产，并且没有对外开放。现有观点认为由于社会各界对于颐和园开放的要求，民国二年（1913年）4月24日，步军统领衙门制定了《瞻仰颐和园简章》，其中规定中国人如有参观颐和园的需求，要到内务部或步军统领衙门报备申请才可以入园参观，而外国人需要外交部批准，另外要求"女界"不得入内（后改为各政党女眷和在校女学生可以参观），各界参观人员不得超过10人，需提前3天报备姓名年龄，领取门照（入园验照，出园交照）。

2. 民国三年（1914年）

根据《颐和园志》内容，早在1912年颐和园就曾对外开放过，只不过能够进入颐和园的参观人员与其社会地位以及所处的阶级有关，且多是外国官员与贵族，颐和园开放初期并不面向普通百姓的。直至民国三年（1914年）因园林管理和皇室吃穿用度的消费需要，为扩充经费决定颐和园采用售票方式对外开放。内务部、步军统领衙门、民国政府外交部以及清室内务府商定"于开放游览之中，寓存筹款之意"，于《颐和园售券试办章程》中规定："颐和园进园券大洋1.2元，幼童半价，军界人等每票大洋6角……售票收入三分之二归清室内务府，用作园内执事人员经费及岁修工程开支。三分之一归步军统领衙门，用作修西郊马路及一切公费专款"。自此，颐和园才在书面上对一般民众开放，但因为昂贵的票价导致普通百姓被拒之门外。

3. 民国十三年（1924年）

1924年10月冯玉祥发动北京政变，在此期间摄政内阁通过了《修正清室优待条件》，废除了帝号，要求逊清皇室迁出紫禁城，驱逐末代皇帝溥仪离开颐和园全文内容如下：一、大清宣统皇帝即日起永远废除皇帝尊号，与中华民国国民在法律上享有一切同等权利；二、自本条件修改后，民国政府每年补助清室家五十万元，另拨二百万元设立北京贫民工厂，尽先收容旗籍贫民；三、清室应按照原来优待条件，即日移出宫禁，以后可自由选择居住，但民国政府仍负保护责任；四、清室之宗庙陵寝永远奉祀，由民国酌设卫兵妥为保护；五、清室私产归清室完全享有，民国政府当为特别保护，其一切公产应归民国政府所有。自此颐和园不再属于皇家私有财产，由民国政府清室善后委员会与清室内务府对其内的各殿宇陈设进行统计查封。

4. 民国十五年（1926 年）

曾接受过溥仪赏赐紫竹院恩惠的民国政府京畿卫戍司令王怀庆，将颐和园又交还给了清室。1926 年清室办事处派贝勒润祺（溥仪的内兄）再次接管颐和园，并成立了"清室办事处经理颐和园事务所"，由北京特别市政府管理。

5. 民国十七年（1928 年）

南京国民政府电告北平办事处，并派相关人员前去接收颐和园，对颐和园等处的财产、土地、古物进行勘测调查记录。"南京内政部□鉴微电敬悉北平圆明园，现已并同颐和园静宜园等处派员前往接收，并经知照贵部北平办事处承览……"❶7 月 1 日南京国民政府内政部派员正式接收颐和园，后经国民政府内政部商议决定，颐和园等处改归北平市政府管辖，并成立管理颐和园事务所负责管理静明园、圆明园、颐和园，处理附属田产房屋等事务，自此颐和园正式成为国家公园。

（二）颐和园内部管理

1. 行政

根据民国时期的档案记录，1928 年南京国民政府派员从北平特别市政府接管颐和园后，"……查颐和园暨附近之静宜园圆明园等处现经与国民政府内部会商决定改归本市政府管辖……"❷。经过协商，

颐和园仍交由北平市政府管理，成立颐和园管理事务所，且静宜园与圆明园一并交由管理颐和园事务所管理，对各园土地进行丈量、字画古玩进行清点、房屋状况进行筛查。管理颐和园事务所对以上 3 处的土地、房屋、文物有处理权，如土地租赁、房屋租赁、文玩拍卖等行为均需要由市政府批准，如有需要，待市政府批准后将相关文件和呈请内容再寄给第三方，最后再将合同、发票等物品寄给市政府备案，同时市政府也有权对管理所提出相关训令，对颐和园等地的管理进行指导、要求。

后应市政府要求，"国民政府第五三五号训令□准中央政治会议……第六条圆明园故址交清华大学办农事试验场，原有古迹石刻等应交该大学妥为保存……"圆明园被移交给当时的清华大学，由清华大学负责对圆明园内的土地、房屋、文物进行管理。在此期间学校仅履行管理权力，土地的使用以及租赁收入"由校方代为催缴……转解市库"，均需要按时代替征收并转交政府；文物清点后进行管理并要求"圆明园内的砖石，本府有公共建筑之必要时，在不妨碍保存历史遗迹纪念范围内随时商明校方酌量提用"❸，后有档案对圆明园内砖石作记录，存在人员采买圆明园内砖石用于颐和园内建设的行为。

2. 治安

根据相关档案记载，颐和园总体治安由四类人员负责，分别是宪兵、保安队兵、巡警、稽查员。宪兵由北平政府直接管理如"常玉良带宪兵一排驻扎颐和园附近挂甲屯维持西苑一带地方治安"。保安队兵和巡警由北平市公安局调拨供颐和园支配，"……调用平警二百名由贵园於支配勤务，贵园刻既需用巡警即请将保安队兵送还二十名另拨巡警十名前往服务……"❹。稽查员的工作根据档案推断，由颐和园管理并派分到不同的地段负责维护秩序、清点文物、佃户管理等工作，以陈列馆为例，"古屋珍玩图书照册列具品名件数号表交由稽查员，开放前园稽查员找

册表点查……"❺。

管理所职员领有职员证、徽章、出入城门的通行证，徽章由北平市政府制作分发，以方便管理所办公。徽章外形为长方形，正面全面红底金线，上半部分嵌"平市颐和园"五个字，下半部分嵌颐和园石舫，两端嵌国民党党旗，员工徽章为圆形蓝字白底金边。出入城门通行证由于园内职工下班有出入城门的需要，所以管理所向北平警备司令部提出申请，并由警备司令部制作、发放门证。

3．财政

颐和园的经济来源主要来自售票和土地租赁收入，在北平市政府批准的情况下也有财政部的拨款来维持颐和园管理事务所的日常开销。其中在土地方面，"……查有颐和园历来兼管之稻田场馆有水旱田由民户承租佃种，在清室办实事处管理颐和园时改厂田租本指定归颐和园监管每年收入即充颐和园经费……开放其常年经费如办事人员之薪，工及关有坍塌之修补除售票一项进款外维持田租收入以资应付况稳田厂为颐和园并管收入充颐和园历经办理在案，内政部□予变更，嗣后经费骤减不维遇有坍塌之处无力修补即办事人员之薪金亦将竭蹶……"民国政府接收颐和园的初期，颐和园土地的税收是划归市政府管理的，后为维持管理所的正常运营，由管理所呈请市政府批准，将土地的收入和管理权限下放到管理所手中供其支配，"……案查颐和园常年开支除门票收入外即以房产田地等收入充作经费……特指定稻田厂附属颐和园兼管收租充作园中经费"❻。

颐和园的各项收入需要按月向市政府报备，分成三个时间段即在月初、月中、月末进行汇报，并在月末进行核算备案，以颐和园民国十八年（1929年）1至6月的各项收入为例，"……自本月十一日至二十日各项收入计洋三百四十元零九角八分二厘，理合造具收一旬报表二件呈传……"❼。其中六月收入最多为六千四百五十三元五角四分。

颐和园收入大致可以分为3类：门票、地租、房租，而前文就有所提及：门票收入更是颐和园收入的重中之重。颐和园内门票由入园门票和景点门票构成，在票价方面又分为半价票和全票，半价票主要面向军人、学生、园内工作人员亲属。如民国二十七年（1938年）十一月各项收入为，各种票价收入1251.26元，水旱地租188.004元；官方房租7.104元，颐和园河滩加租200元，和□车厂房租10元，颐和饭庄房租10元，颐和饭庄本月营业提成6.19元，引导费30元，地照费2.8元❽。

其他经费来源主要是向市政府说明原因和需求，呈请而来，以管理所增添花草为例：由管理所所长提出原因——园内花草种类单一；再指出需求"于园内增植月季……"最后附上所需材料和资金清单"月季八十株、玫瑰二十株……费计□三十九元二角"将清单一并提交，待市政府批复，"呈单均悉查实，前案尚属相符，立准核销此令"❾；最终将相关文件送交财政局领取经费。

南京国民政府接管初期，因为政府经济困难，导致当时的颐和园通过卖文物来获取经费。比如因围墙倒塌，"颐和园内园墙倒塌屋宇渗漏水门各闸皆残破，拟将园内钟鼓二楼及大□楼拆卖得价移作修理上项工程之用"。南京政府随即派人介入，在实地考察后得出以下结论："……二楼年久失修楼木尹日晒雨漏势将倒塌，意与其生视坍塌不若於未倒之先拆□木料砖

瓦招商出售得价修墙……查看现状似无保存之价值若中央必欲保存则宜速筹巨款重行建筑，当此市库空虚一时难筹及此……"⑩。最终南京方面批准了北平市政府的拆卖 2 楼的决定，该工程由第三方古物保管委员北平分会执行。

二、民国颐和园的建设与旅游业的发展

（一）颐和园旅游观光

在颐和园管理事务所成立之后，对颐和园进行了全面的清查，并正式成为国家公园对社会各界人士开放。颐和园作为皇家园林拥有优美的景色和深厚的文化底蕴，在吸引游客的同时也引起了其他行业的关注。随着服务类行业在颐和园的入驻，管理所本身也加强了对颐和园内的开发与维护以及对园内服务行业的规范，增设游园规定和员工管理条例，进而提升园内服务水平。

颐和园内部除去个人租房开设的餐馆和照相馆以外，管理所在园内也开设了茶馆以售卖茶水冷食。园内还设有人力车夫，车夫在拉人赚钱的同时还负责代卖园内风景片。为保障游园体验以及颐和园管理所的收入，园内对风景片的售卖进行规范处理，"园内夫役仍听其自然惟所信之照片图□□不得随意购卖劣货希图厚利，违者得取缔之"；还规定"按信出价目提两成归公，月中缴纳；新绘园图制就时由公家之价归商人承售"⑪，规范了园内照片的售卖问题；并给成色好的照片加盖图章以辨别真伪，形成了完整的管理规定，保证了颐和园在其中的利益。另有个人作为向导，引导外国游人参观颐和园，后由相关人员上报管理所，个人被收编在所内任导游，"为呈请事窃于顺林等向在万寿山附近居家，熟悉颐和园内路径，粗通英法德日本各国语言，常在园内引道游人观景，游人赏给引路费以养生性进来珠薪…每月纳引导费洋四十

元……发给引导执照"⑫，起因是引导外国人游览的周边民众出入颐和园需要支付的门票钱较多，严重影响了个人收入，所以向管理所提出了以上请求，并被颐和园雇用以优化园内服务。

（二）颐和园内土地租赁与产业建设

1. 土地租种

根据前文可知清朝末年颐和园周边稻田的租种是颐和园收入的重要组成部分，南京国民政府接管时就对颐和园相关土地进行了丈量，佃户进行了登记。土地租种的档案是有关颐和园档案中数量最多的，其主要分为三类：一类是申请租种领取执照，"佃户徐子林为出县甘结事切查佃户承种颐和园所属旱地……恳请依准发给执照……"⑬。一类是土地变更换领执照，"佃户……为呈请事窃佃户承种人本园所属河桶水地一段……自行开垦地三亩合行请往本园事务所认租并加领三亩地照，以照授信合理呈请"⑭。第三类是退租退还执照，"……因无力承租情愿退出……请应于□准□□来所领取执照存销以批……"⑮。执照记录有承租人的姓名、承租的地段、承租地的尺寸、应缴纳的租金以及发照时间。管理所还设立了相关规定：要求佃户例行检查时须出示执照证明；执照一经发出需妥善保管，不得遗失；他人不得假冒顶替以持有执照；检查期间服务人员若有敲诈行为，需确实证据并上报。

2. 颐和园内房屋租赁

关于院内的房屋租赁，本文将其分为两类：一类是园内个人居住的房屋，另一类是具有营业性质的房屋。

个人居住房屋，多属于园内环境幽静的小型居住用房屋，并非如今人们所熟知的园内著名景点，其大多偏离热门旅游路线。这类房屋由管理所勘察，依据房屋所处位置、保存现状、是否需要修整、室内家具

等因素分级，并画图，制定租价。如"霖清轩，在谐趣园北山坡地势甚佳应列在□□等，所有窗壁破□得裱糊，租价一个月租洋三百，一星期一百；益寿堂在景福阁之东殿宇整齐略事裱糊别无……应列入优等，一星期四十，一个月一百二十；乐农轩，在景福阁东山下半山坡，地势别有村野气象应列二等，屋内顶棚脱落完全，裱糊房上灰被日久渗漏得另收拾；斜门殿在清晏舫北独合三楹宜列入二等略事糊裱"⑯。

营业性质的房屋，大部分都是租赁作为饭店或者是照相馆进行营业，其中最著名的应属万寿山饭店，该饭店在园内规模大、营业时间长，且租赁位置都属颐和园内的风景名胜区域。其租赁流程是由承租人提出需求，联系颐和园管理所所长"呈为请租颐和园内石丈亭等房屋以便营业事窃，拟在本园内石丈亭开设万寿中西餐馆，并在佛香阁清晏舫水木自观等三处添加茶点烟酒等类以供游客并遵守园内一切规章办理……"⑰管理所所长批准后回应"呈悉准予承租营业……来所面议"，遂于民国十六年（1927年）开办。有关万寿饭庄的档案主要记录了承办流程及管理所和承租人的往来文件，关于这类性质的营业和其他方面信息可以通过管理所与颐和饭庄签订的续租合同了解，租赁流程与万寿山饭庄一样，由承租人提出续租要求，呈递给管理所所长，所长审阅并将合同一并交由北平市市长批阅，合同内容大致如下。

1）售中餐等各种食品，不得经营其他业务。

2）营业后的一切开支由饭庄自负，与管理所无关。

3）房屋内家具字画等使用需要另签订合同，期满后交还管理所，如有损坏，照价赔偿。

4）加盖的房屋如用颐和园的木料和铅板，则归颐和园所有。

5）饭庄需要预付房租交给管理所。

6）商家当日营业收入的数目应于晚间将报单送交管理所会计盖印，月终提取两成交给管理所。

7）饭庄账簿管理所有权安排稽查人员随时检查。

8）饭庄内售卖商品不得超过园外价格的一倍，管理所有权干预商品定价。

9）饭庄所租赁的房屋不得转租给他人，只能承租方使用，也不能用于抵押。

10）饭庄不得占用周边非合同范畴内的房屋。

11）饭庄不得自动停止营业。

12）管理所派发符号供饭庄员工佩戴，方便员工出入颐和园。

3．颐和园相关产业建设

除去园内的房屋租赁，颐和园管理事务所还掌管着静宜园外相关的土地厂房，吸引大量商人的关注，其中兴办的主要场所包括：汽水厂、渔业场、溜冰场、疗养院、游猎场。

（1）汽水厂

玉泉山位于颐和园西侧，相传是清朝宫廷用水的水源地，故吸引了很多商人来玉泉山周围办汽水厂，档案记录有玉泉山汽水厂、瀛记汽水厂、洪记汽水厂等。汽水厂负责人向管理所所长提出申请，"……见该房空闲已久，拟欲承租创办汽水厂……每月行租四十元…泉水准予抽用至承租一切手续以及订立租约……资本两千元、机械两架、瓶子一千打个人出资无其他股东"⑱；管理所核实后交予市政府，对租赁时长、租金呈报、意见、合同内容进行解释；市政府

核对后批准，"呈件均悉应准招办，仍仰将所订合同善正呈府备案"；双方签字后合同生效，将合同寄回备案。以下是瀛记汽水厂合同大致内容。

1）房屋修理工程由汽水厂自费，修补建筑房屋，墙壁不得拆卸。

2）承租以三年为期限，在此期间汽水厂盈亏自负。

3）泉水每月大洋四十元，租金本年六月至次年二月共九月三百六十元。

4）不得转租房屋，不得兼营其他业务。

5）除汽水厂员工外，不得携带眷属住宿。

6）泉水仅限用来制作汽水，不能用在其他方面。

7）水夫出入由颐和园管理所发放出入门券。

后来商人袁馨堂与管理所协商，将瀛记汽水厂改设成洪记汽水厂，仍按照原有标准承租。

(2) 渔业场与溜冰场

根据相关资料了解到，逊清皇室曾有捕捞昆明湖水产以补贴皇室用度的情况，这一点在档案中也有记录："……查该园渔业向例招商承办惟自改革迄今无人承办……"所以北平市政府命令颐和园以"扩充利源，维持湖山风景"为目的招商，并且规定"援照前例情愿承租由河道□用木船二只在园内天□桥下设立捕鱼所，由得价内提出三成交纳该园，每五日提交一次不得拖欠……"[19]。最终由商人杨守成筹集资本，创设昆明渔业公司，承办颐和园昆明湖渔业，每年照收二千四百元，分三期收租。渔场位于青宴舫北，包括万宇河以及后湖的全部水域，并占玉带桥北三间房供工作人员住宿看护。

冬季昆明湖结冰，颐和园以此为契机设溜冰场，提供冰鞋租用并售卖茶点烟糖，积极对外宣传："颐和园内昆明湖为奉北胜景中外名湖……湖风景观为宏壮优雅……借冬日湖水设之最大之溜冰场"。除去广告宣传外，颐和园还向溜冰者提供门票半价的优惠，并给周边学校赠送免费入园证。

(3) 游猎场

游猎场由个人向颐和园管理所提出申请，后由管理所向市政府上报批准。其设立的最初目的是提倡高尚娱乐、锻炼身体，位于西苑玉泉山静明园内部，成立后直接隶属于北平市管理颐和园事务所，由市政府改名为北平市玉泉山游猎场。游猎场一共设有两部分，分别是游猎实施部和射击练习部；设技师一名兼任场长，专门管理游猎射击，另有两人分别为事务员负责售卖弹药，稽查员负责治安；门票由颐和园管理并盖府章用来辨别真伪、售卖。游猎场规定入场游猎者需要借用枪支、领售子弹，子弹每粒洋二角五分，售出以后概不退换；自带枪支并自备子弹者需要填写票据记录，每打一粒收取猎费洋三分。[20]

(4) 疗养院

疗养院全名益寿疗养院，由北平市政府批准在管理颐和园事务所所属的静明园（即玉泉山）内设立。管理所规定如下。

1）疗养院不得收留任何患有传染病的病人。

2）每月月终结账一次，按全月收入的住院费的百分之三十提交管理所会计。

3）疗养院内员工由管理所发放免费入门券。

4）有住院需求的病人第一次来疗养院须持有住院证书收据等，并有疗养院医生签字。查明属实后放入，并随时发放游览券，园内景观一概不再额外收费。

5）病人亲友探视允许购买半价门票。

疗养院特设湖水浴场，浴费三角，由疗养院制备湖水浴券，并将收入的三成提交管理所。院内病房分为3个等级：甲种住室（二人带客厅）每日五元五角，乙种住室（一人公用客厅）每日二元五角，丙种住室（一人）每日一元五角，添加一份床铺每日五角。住院前需要提交十日的住院费，多退少补，一次性交付一个月的住院费可享九折优惠，月份越多折扣力度越大。伙食也分为三档：每日一元，每日一元五角，每日二元，并提供西餐每份一元五角。[21]

注 释

❶ 北平特别市政府关于接收颐和园与有关单位的来往函件（一），档案号 J001-004-00006，北京市档案馆藏，1928 年 1 月 1 日。

❷ 北平特别市政府关于接收颐和园与有关单位的来往函件（一），档案号 J001-004-00006，北京市档案馆藏，1928 年 1 月 1 日。

❸ 北平市管理颐和园事务所关于撤退驻守圆明园稽查勤务人日期并请续拨三、四月份津贴等与工务局的来往函及市政府关于圆明园遗址拨归清华大学接管的训令，档案号 J017-001-00890，北京市档案馆藏，1933 年 6 月 1 日。

❹ 北平市政府管理颐和园事务所关于园内驻警问题与北平特别市公安局的来往函，档案号 J021-001-00018，北京市档案馆藏，1928 年 12 月 1 日。

❺ 北平市政府管理颐和园事务所开放陈列馆实施办法及古物游览规则，档案号 J001-004-00514，北京市档案馆藏，1912 年 1 月 1 日。

❻ 北平特别市政府关于接收颐和园与有关单位的来往函件（二），档案号 J001-004-00007，北京市档案馆藏，1928 年 1 月 1 日。

❼ 北平特别市管理颐和园事务所呈报收入情况给北平特别市政府呈及市政府指令（1929 年 3 月 1 日），档案号 J001-004-00121，北京市档案馆藏。

❽ 北平特别市管理颐和园事务所呈送民国十七年度各月决算书及北平市政府准予接转的指令，档案号 J021-001-00048，北京市档案馆藏，1929 年 4 月 1 日。

❾ 管理颐和园事务所园内花木坛添购置的呈及北平市政府的指令，档案号 J021-001-00182，北京市档案馆藏，1929 年 4 月 1 日。

❿ 管理颐和园事务所关于修理围墙的呈文及北平市政府的指令，档案号 J021-001-00025，北京市档案馆藏，1928 年 8 月 1 日。

⓫ 王月亭、高子安呈请专售颐和园风景片的呈及管理颐和园事务所的批，档案号 J021-001-00192，北京市档案馆藏，1929 年 6 月 1 日。

⓬ 引路人于顺材等请求承办颐和园内导译事项给管理颐和园事务所的呈文，档案号 J021-001-00051，北京市档案馆藏，1929 年 6 月 1 日。

⓭ 北平管理颐和园事务所佃户呈验执照通知书、地亩登记簿、佃房人名册等，档案号 J021-001-00028，北京市档案馆藏，1928 年 7 月 1 日。

⓮ 农民董恩虞自行开垦地请求认租发照的呈文及北平市政府管理颐和园事务所的批，档案号 J021-001-00099，北京市档案馆藏，1929 年 11 月 1 日。

⓯ 北平市管理颐和园事务所关于佃户认佃认租及发照的批示，档案号 J021-001-00204，北京市档案馆藏，1929 年 12 月 1 日。

⓰ 北平特别市政府调查执照规则公布令及颐和园佃户花名册，档案号 J021-001-00241，北京市档案馆藏，1928 年 1 月 1 日。

⓱ 颐和园事务所关于与万寿餐馆开设中西餐馆订立合同的呈及市政府的指令，档案号 J021-001-00389，北京市档案馆藏，1930 年 2 月 1 日。

⓲ 颐和园事务所关于与万寿餐馆开设中西餐馆订立合同的呈及市政府的指令，档案号 J021-001-00389，北京市档案馆藏，1930 年 2 月 1 日。

⓳ 徐瀛申请租领玉泉山外官房作为汽水制造厂给颐和园事务所呈及颐和园事务所批示，档案号 J021-001-00605，北京市档案馆藏，1932 年 5 月 1 日。

⓴ 管理颐和园事务所关于本园渔业招商承办经过的呈及北平市政府的指令、训令，档案号 J021-001-00196，北京市档案馆藏，1929 年 5 月 1 日。

[21] 颐和园事务所关于筹办玉泉山游猎场事宜的呈及市政府的指令，档案号 J021-001-00455，北京市档案馆藏，1931 年 6 月 1 日。

参考文献

[1] 李友唐.《清帝退位诏书》和《关于大清皇帝辞位之后优待条件》[J]. 北京档案，2011（10）：50-51.

[2] 杨天宏."清室优待条件"的法律性质与违约责任——基于北京政变后摄政内阁逼宫改约的分析 [J]. 近代史研究，2015（1）：37-57，160.

[3] 王晓莉.冯玉祥驱逐溥仪出宫的经过 [J]. 档案天地，2012（8）：23-25.

[4] 胡晓.国民党与溥仪出宫事件 [J]. 安徽史学，2012（2）：36-43.

[5] 孙萌.民国时期北京颐和园内房屋租赁管理（1912—1949）[J]. 兰台世界，2020（3）：143-145.

[6] 管晏粉.民国时期颐和园昆明湖养鱼逸事 [J]. 北京档案，2018（8）：49-52.

[7] 高换婷.溥仪"小朝廷"时期颐和园的对外开放 [J]. 北京档案，2004（1）：54-55.

[8] 王静.西人京缘：庄士敦印象中的颐和园及其管理 [J]. 北京史学，2018（2）：101-124.

[9] 滕德永.逊清皇室与优待条件的入宪 [J]. 北京社会科学，2018（4）：14-22.

[10] 谷媛.颐和园变迁札记 [J]. 中关村，2012（7）：106-108.

[11] 窦忠如.悲欢颐和园 [M]. 北京：新世界出版社，2004.

[12] 刘耀忠，等.颐和园大事记 [M]. 北京：五洲传播出版社，2014.

[13] 窦忠如.悲欢颐和园 [M]. 北京：新世界出版社，2004.

[14] 刘耀忠，等.颐和园大事记 [M]. 北京：五洲传播出版社，2014.

[15] 王晓莉.冯玉祥驱逐溥仪出宫的经过 [J]. 档案天地，2012（8）：3.

[16] 刘耀忠，等.颐和园大事记 [M]. 北京：五洲传播出版社，2014.

21 历史园林保护性文件初探
——从历史园林的定义与分类展开

潘语晨

引言

历史园林的概念，最初来源于国际古迹遗址理事会（ICOMOS）于1982年发布的《佛罗伦萨宪章》，其表述为："历史园林指从历史或艺术角度而言民众所感兴趣的建筑和园艺构造。"实际上，历史园林在不同时期、不同地区所指代的对象存在较大差异，关于这一点将在后文进行展开。为叙述方便，本文统一以"历史园林"代称。

20世纪以来，国内外关于文化遗产的保护性文件纷繁复杂，这不仅来源于文化遗产本身所具有的多样性特征，亦体现出人们对于文化遗产的重视及保护程度在不断提升。有关历史园林保护的研究也已十分丰富和深入，但聚焦于历史园林的角度，对国内外保护性文件的系统梳理及研究仍较为少见。本文即以此为一切入点，并对各类保护性文件中关于园林的定义、分类等展开分析，以期进一步了解历史园林保护观念的发展脉络与其背后的深层逻辑，希望能对今后的保护工作有所启发。

本文的研究对象以明确提及历史园林的保护性文件或未明确提及但所述对象包含历史园林且具有一定影响力的代表性文件为主，并以近年来国内出台的地方性历史园林保护法规为重点。其他与历史园林相关的保护性文件，例如从木结构遗产保护角度出发的《木结构遗产保护准则》[1]196-199（1999年）、

《关于中国特色文物古建筑保护维修理论与实践的共识——曲阜宣言》[2]（2005年）等，不纳入本文讨论的范畴。

一、国内外历史园林保护性文件综述

关于历史园林的保护性文件大致可分为两类，一类为文件中并未明确提及"园林""历史园林"等概念，但文件保护的对象涵盖了历史园林的范畴，这一类中较为具有代表性的如：1931年，于雅典举办的第一届历史纪念物建筑师及技师国际会议通过的《关于历史性纪念物修复的雅典宪章》，"是关于文化遗产保护的第一份重要的国际文献"，该宪章中使用了"纪念物"（monuments）、"文物古迹"（ancient monuments）等名称进行描述，但未对其所涉及的范围进行界定。1964年，第二届历史古迹建筑师及技师国际会议通过了《关于古迹遗址保护与修复的国际宪章》，又称《威尼斯宪章》，该宪章尽管只有短短16条，却奠定了国际文化遗产保护的理论基础和实践准则，成为20世纪后半叶以来众多文件制定的参考依据，具有里程碑式的意义。1972年，联合国教科文组织在巴黎通过《保护世界文化和自然遗产公约》，简称《世界遗产公约》，是国际社会保护人类文化及自然遗产的纲领性文件。公约对文化遗产和自然遗产的定义进行了阐释，并制定了文化和自然遗产的国家保护和国际保护措施等条款。1979年，国际古迹遗址理事会澳大利亚国家委员会通过《巴拉宪章》，该宪章结合澳大利亚本国的遗产保护特征，为文化遗产地的保护管理提供了指导，对其他国家建立属于自己本国的遗产保护理论具有重要的启发和借鉴意义。2000年，国际古迹遗址理事会中国国家委员会在承德通过《中国文物古迹保护准则》，"它是在中国文物保护法规体系的框架下，对文物古迹保护工作进行指导的行业规则和评价工作成果的主要标准，也是对保护法规相关条款的专业性

阐释，同时可以作为处理有关文物古迹事务时的专业依据。"[1]202

另一类文件则明确提及"园林"或"历史园林"，如：1982年，国际古迹遗址理事会与国际历史园林委员会共同起草并通过了一份历史园林保护宪章，即《佛罗伦萨宪章》。该宪章被登记为涉及有关具体领域的《威尼斯宪章》的附件[1]124-127，这也是第一部专门针对历史园林保护的文件。进入21世纪，明确提及历史园林的文献逐渐增多，如2005年，联合国教科文组织通过的《会案草案——亚洲最佳保护范例》，这是一份具有区域针对性的草案，旨在为亚洲遗产保护工作提供具有实用性的指导方针，同时为亚洲地区建立最佳保护规范标准[1]340-373。此外还有2010年新西兰古迹遗址理事会修订的《保护文化遗产地——新西兰宪章》、2010年联合国教科文组织等机构制定的《世界遗产灾害风险管理》等文件。

但专门针对历史园林保护的文件，还是更多集中于地方性的保护法规，目前中国仅4个城市出台。

1997年4月1日起施行的《苏州园林保护和管理条例》为我国有关园林保护和管理的第一部地方性法规。2023年又新出台了《苏州园林分类管理办法》[3]，对苏州园林实行分类管理。在此之前，苏州还陆续研究制定了一系列园林相关的行业规范性文件[4]。

2021年，重庆市城市管理局发布《重庆市历史名园管理办法（试行）》[5]。

2022年，广州出台《广州市历史名园保护办法》[6]。

此外，北京亦是我国历史园林较为集中的城市，其虽未出台历史园林保护方面的专门性文件，但于2003年颁布实施的《北京市公园条例》[7]、2021年通过的新版《北京历史文化名城保护条例》[8]、2022年颁布实施的《北京市公园分类分级管理办法》[9]等文件中，均将历史名园单独列出，针对性较为突出。

二、各保护性文件中对于园林的定义与分类

（一）内容

在早期的文件里，"历史园林"大多包含在更大的概念之中进行叙述，如"历史古迹"（1964年《威尼斯宪章》）、"文物"（1972年《保护世界文化和自然遗产公约》）、"具有文化重要性的场所"（1979年《巴拉宪章》）、"文物古迹"（2000年《中国文物古迹保护准则》）等，而没有专门列出或提及。尽管各类文件中是否专门提出"历史园林"的概念，有助于从侧面对历史园林保护意识的发展进行观察，但其结论并非单一或绝对的。未对"历史园林"的概念进行单独区分的原因大致有二：其一，早期尚未产生予以区分的意识，对于历史园林的认知和保护尚处于初期发展阶段；其二，在对历史园林有一定认识后，根据文件制定的具体需要，来决定是否单独提出，应属于主动选择的结果。

前文已述，1982年《佛罗伦萨宪章》中，首次对历史园林的概念进行了界定。宪章中还详细阐述了历史园林建筑构造的内涵，认为其包括"平面和地形""植物，包括品种、面积、配色、间隔以及各自高度""结构和装饰特征""映照天空的水面，死水或活水"，这对于今天历史园林及园内景观的保护仍具有借鉴意义。

地方性保护法规中关于"历史园林"（文件中具体表述为"苏州园林"或"历史名园"）的定义存在较大的差异性，其内容如下。

1997年《苏州园林保护和管理条例》第一章第二条："本条例所称苏州园林，是指历代建造具有典范性的、以写意山水艺术为特征，由古典建筑、人工山水、花草树木为要素组成的宅第园林、寺庙园林、衙署园林、会馆园林、书院园林等。"

2021年《重庆市历史名园管理办法（试行）》第二条："本办法所称的历史名园是指建成50年以上，知名度高，具有突出的历史文化价值，有特殊纪念意义或能体现传统造园技艺的园林。"

2022年《广州市历史名园保护办法》第二条："本办法所称历史名园，是指建成50年以上，具有突出的历史文化价值，体现一定历史时期代表性造园艺术的园林。"

2021年新版《北京历史文化名城保护条例》第七章附则第七十六条："（十五）历史名园，是指具有突出的历史文化价值，并能体现传统造园技艺的园林，也包括依托文物古迹建设的园林。"

2022年《北京市公园分级分类管理办法》第五条："（三）历史名园：是指具有突出的历史、文化、生态、科学价值，能体现特定历史时期造园技艺，对城市变迁或文化艺术发展产生过影响的园林场景。"

由此可见，不同地区并未形成较为统一的概念认知，甚至仅就北京的两份文件而言，其出台年份只相差1年，但对于"历史名园"的定义，也存在了些许的差别。结合各地对历史园林的分类方式或申报条件，可更为直观地予以把握。

苏州地区对于园林的分类可参考《苏州园林分类管理办法》，办法中将苏州园林分为以下三类："（一）世界文化遗产苏州古典园林：指被联合国教科文组织列入《世界遗产名录》的苏州园林；（二）其他苏州古典园林：指建成于1949年9月30日以前，且未列入《世界遗产名录》的苏州园林；（三）当代苏州园林：指建成于1949年10月1日以后的苏州园林。"

重庆地区对于历史名园未进行明确分类，可参考其历史名园申报条件，见《重庆市历史名园管理办法（试行）》第九条："建成时间50年以上，具备下列条件之一的园林，可以申报历史名园：（一）园内有100年以上历史的园林；（二）已被公布为国家级、市级、区县级文物保护单位的园林；（三）园内有体现重庆历史文化、传统民俗、建筑特色及其技艺价值的园林；（四）园内有重要历史文化价值的摩崖石刻、壁画、名人诗画镌刻等不可移动文物或艺术作品的园林；（五）园内有体现巴渝传统假山叠石技艺或理水技法特色水景的园林；（六）园内有5株以上古树名木的，或有30株以上树龄在50年以上的不可移动的体现传统盘扎技艺的树桩或桩景；（七）在新中国创建过程中具有重要历史记忆的红色纪念地；（八）园内有名人故居、纪念建筑以及与重大历史事件有关的或其他具有特殊历史文化意义的建（构）筑物的园林；（九）园内有体现本市产业发展史特色的代表性建（构）筑物，包括作坊、商铺、厂房和仓库等的园林。"

广州地区《广州市历史名园保护办法》中所规定的历史名园包括"综合公园、专类公园及单位与私人园林等类型"，其申报条件如下，"建成时间五十年以上，具备下列条件之一的园林，可推荐纳入历史名园保护名录：（一）园内有体现广州历史文化、民俗传统、建筑特色及其技艺价值的要素；（二）园内有重要历史文化价值的不可移动文物或艺术作品；（三）园林体现岭南传统造园艺术；（四）具有重要历史价值的革命纪念地；（五）园内有与重要历史事件或重要人物有关的要素；（六）其他具有突出历史文化价值的园林。"

（二）差异性分析

不同地区历史园林所指对象的差别主要体现在年代和涵盖范围等方面。

1. 年代

苏州园林包括了 1949 年 9 月 30 日以前建造的"苏州古典园林"以及 1949 年 10 月 1 日之后建造的"当代苏州园林"，其年代范围为全历史时期，亦可包括未来建造的园林。

重庆和广州对于"历史名园"的年代界定，均限于"建成时间 50 年以上"，这也意味着"历史名园"涵盖的对象会随着年代的递增而产生变化，一些目前未能纳入"历史名园"范畴的园林，在未来则有一定可能被纳入。

北京地区的文件中，尚未见到关于年代的具体要求。

2. 涵盖范围

苏州园林更侧重于"以写意山水艺术为特征"的园林，组成要素包括"古典建筑、人工山水、花草树木"，其指向较为明确，比较符合一般人们所认知的园林概念。

重庆和广州对于"历史名园"的界定实则较为宽泛，其申报条件只需满足一条，即可纳入历史名园保护名录。除了体现本地传统造园技术的园林外，还包括依托文物古迹建设的园林、红色纪念地（革命纪念地）等，《重庆市历史名园管理办法（试行）》中，历史名园亦包括了一般认为的工业遗产 [第九条（九）]。

北京地区的文件中，虽未见到关于历史名园分类或申报条件的内容，但在《北京市公园分类分级管理办法》中，遗址公园从属于专类公园，而非历史名园，专类公园、综合公园均与历史名园并列，属同一分类层级。对比来看，在广州地区，综合公园则隶属于历史名园。在《北京历史文化名城保护条例》中，

工业遗产与革命史迹的概念，与历史名园进行了区分，不具有包含与被包含的关系。总体而言，北京地区历史名园所涵盖的范围，应介于苏州和重庆、广州之间。

三、思考与建议

通过分析上述具有一定代表性的历史园林保护性文件可知，不同时期、不同地区对于历史园林的定义存在较大差别。历史园林在各文件中所从属的概念也不相同，除未明确提及"历史园林"的文件外，《佛罗伦萨宪章》中，认为历史园林"应被看作是一古迹"；《会案草案——亚洲最佳保护范例》中，则将园林划归为文化景观中的一类，这样的划分，不仅体现了对园林特性的进一步认识，同时提供了更为详细且具有针对性的保护建议，例如其提出"亚洲的文化景观受到了各种价值系统和各种抽象性框架理念……以及各种传统、技术和经济系统的影响与感染。要有效地保护文化景观，就必须对这些系统加以识别和了解"。

就国内各地方性保护法规而言，对于历史园林的分类层级也不尽相同，所指代的对象存在一定的交集，体现出明显的地方性特征，如苏州园林的分类，采用了双重标准，一方面从年代角度进行区分，另一方面则以是否列入《世界遗产名录》为标准进行划分，

这种分类方式应是从利于实际管理的角度出发。

不同地区采用不同的定义与分类方式，在当下的历史阶段，或许更方便结合各地的具体情况对历史园林予以保护，但同一地区内的文件，应保持相对一致，如《北京市公园分类分级管理办法》中，历史名园与专类公园并列，而在更早的《北京市公园条例》中，历史名园却从属于专类公园之下，此类现象有可能给实际的管理工作造成困扰。

在区域间的交流方面，共同的概念认知是将有价值的保护模式、经验进行复制、推广的重要基础，从这一角度看，对园林的定义与分类进行规范化管理具有相当的必要性。

目前，我国尚未从国家层面出台有关园林保护的法律或法规，或可以此为契机，对"历史园林""历史名园""古典园林"等各园林相关的概念进行界定，采用统一的名称与定义。就各地区实际情况而言，一方面对现有的法规等文件进行梳理与修订，保证其内在的一致性；另一方面，根据各地方保护管理工作的需要，采取更细程度的概念划分。

园林是中国建筑中富有特色的一类，也是文化和自然遗产保护工作不可或缺的组成部分。推动园林保护的制度建设，不断提升规范化管理水平，使园林遗产在各类保护下得以发挥出更大的文化价值和社会价值，是当下园林保护工作值得思考与探索的方向。

参考文献

[1] 联合国教科文组织世界遗产中心，国际古迹遗址理事会，国际文物保护与修复研究中心，等. 国际文化遗产保护文件选编 [M]. 北京：文物出版社，2007.

[2] 马炳坚，中国传统建筑探究——马炳坚传统建筑文集 [M]. 天津：天津大学出版社，2020.

[3] 苏州市人民政府网. 关于印发苏州园林分类管理办法的通知 [EB/OL]. (2023-11-08) [2024-08-15]. http://www.suzhou.gov.cn/szsrmzf/gbzfgfxwj/202311/e453ab5924df4ebd902ea690cac4ea71.shtml.

[4] 苏州园林官微. 多样化赋能，让苏州园林 IP 更闪耀！ [EB/OL]. (2024-07-10) [2024-08-15]. https://mp.weixin.qq.com/s/y7BpHY_rbpRq_ak_-uINmQ.

[5] 重庆市城市管理局网. 关于印发《重庆市历史名园管理办法（试行）》的通知 [EB/OL]. [2024-08-15]. http://cgj.cq.gov.cn/zwgk_173/zfxxgkml/zcfg/xzgfxwj_396426/xzgfxwj/202107/t20210706_9454372.html.

[6] 广州市林业和园林局网. 关于印发广州市历史名园保护办法的通知 [EB/OL]. [2024-08-15]. https://www.gz.gov.cn/gfxwj/sbmgfxwj/gzslyhylj/content/post_8582321.html.

[7] 北京市人民政府网. 北京市公园条例 [EB/OL]. [2024-08-15]. https://www.beijing.gov.cn/zhengce/dfxfg/202101/t20210125_2231092.html.

[8] 北京市大兴区人民政府网. 北京历史文化名城保护条例 [EB/OL]. (2021-01-27) [2024-08-15]. https://www.bjdx.gov.cn/bjsdxqrmzf/zwfw/zfxxgk/jgzn/lzyj/xzfg/1843762/index.html.

[9] 北京市园林绿化局网. 关于印发《北京市公园分类分级管理办法》的通知 [EB/OL]. [2024-08-15]. https://www.beijing.gov.cn/zhengce/zhengcefagui/202210/t20221008_2830137.html.